Dédié à mes parents :

Constant Georges MERITZA
(1929-2011)

Josiane MERITZA
(1936-   )

et à celle qui partage ma vie
ma compagne Sophie

Spéciale dédicace :

Yoann MERITZA

SUCCÈS GARANTI

REPRENEZ LE CONTRÔLE DE VOTRE DESTIN

éditeur :
BoD-Books on Demand,
12/14 rond point des Champs Élysées
75008 Paris, France
Impression : BoD-Books on Demand, Norderstedt,
Allemagne
dépôt légal Juin 2018
ISBN : 9782322120512
photo de couverture :
Auteur : Ruthson Zimmerman
licence : cco 1.0 universal / (cco 1.0)
graphisme :
Auteur : Yoann MERITZA

« l'usage le plus digne que l'on puisse faire de son bonheur est de s'en servir à l'usage des autres »

(Marivaux « l'Ile de la raison » 1727, acte III scène 9)

QUELQUES MOTS SUR L'AUTEUR

Yoann MERITZA est un auteur essayiste passionné par le développement personnel et le comportement humain.

Né le 28 mars 1978 à Bonneville en Haute-Savoie, issu d'une famille ouvrière, il bénéficia toutefois d'une scolarité dans des établissements catholiques privés, notamment à Saint Bernadette et Saint Jean Bosco à Cluses, dans son département de naissance.

Son père, Constant Georges, décédé le 5 juillet 2011 à l'âge de 81 ans, ancien combattant d'Indochine, ancien membre des TOE-GCI, routier dans le civil, fut atteint d'un cancer de la gorge en 1981, il s'est toujours battu et avait cultivé un enthousiasme malgré son handicap, car il a compris à quel point la vie était précieuse et qu'il fallait la vivre intensément. C'était un ancien combattant à la fois pendant la guerre d'Indochine, et s'est battu durant le restant de sa vie.

Yoann a baigné dans cet environnement où il fallait se battre tous les jours, il a toujours essayé d'aller de l'avant quoi qu'il arrive et a tenté de nouvelles expériences.

Il suit une scolarité normale jusqu'en 1993 avant de rentrer en école d'apprentissage à Saint Jeoire où il découvre les métiers d'électricien, de menuisier, de décolleteur et de soudeur, ce qui a fait de lui un « touche-à-tout ».

En septembre 1995, nouveau tournant dans sa vie, il suit un chemin dans le tertiaire en comptabilité au Lycée Professionnel Privé « les cordeliers » à Cluses, où il découvrit la bureautique et l'administratif, il apprit également l'informatique de gestion qui lui sert encore aujourd'hui dans sa vie privée. Mais rata son BEP de quelques points.

Sous les conseils de son ancien professeur de comptabilité, il retenta son BEP en 1998, qu'il obtint.

À partir de février 1999 à décembre de cette même année, il effectua son service national à Auxonne en Bourgogne au 511e Régiment du train, puis au 27e BCA à Cran-Gevrier en Haute-Savoie.

Après être sorti de l'armée, il décida de tenter son baccalauréat en comptabilité en candidat libre, il bûcha pendant des mois sur tous les sujets, devint son « propre professeur », encore aujourd'hui, autodidacte dans l'âme, il a su « s'auto coacher », il obtint son diplôme, mais décida de ne pas s'arrêter, se sentant pousser des ailes, il travailla dans l'industrie pour financer ses études par correspondance, ce qui fut pour lui « un gros morceau », tous les soirs à suivre ses cours, mais les résultats furent minces pour lui.

Il entreprit de reprendre des études en session récurrente en 2001, se renseigna auprès de centres de formations et auprès du « Centre d'Information et d'Orientations » (C I O) ou il était suivi par une conseillère qui l'aida à remplir les formulaires nécessaires à sa réinsertion en cycle professionnel.

En septembre 2001, il rentrait au Lycée Guillaume Fichet, il était alors âgé de 23 ans, quatre années le séparaient des autres élèves, un léger choc générationnel qu'il a su compenser, il s'est très bien adapté à ce milieu, et en juin 2003 il obtint son baccalauréat professionnel en comptabilité.

Il tenta par tous les moyens de passer son BTS, car à 25 ans, il était maintenant trop vieux pour les employeurs, s'agissant d'immersion en milieu professionnel en deux ans. Il essuyait des défaites, mais ne s'avoua pas vaincu. Il suivait quelques séminaires pour de grandes marques automobiles, notamment à Valence dans la Drôme.

En 2004, il saisissait une opportunité en or en suivant une formation de collaborateur PME/PMI à la chambre des commerces et d'industries de Scionzier en Haute-Savoie, il y découvrit la PNL (Programmation Neurolinguistique) où il apprit les outils pour façonner le subconscient, et diriger la nature humaine.

De 2007 à maintenant, il s'est intéressé aux sujets du développement personnel, du contrôle du subconscient et a lu beaucoup d'ouvrages sur les thèmes de la psychologie et du comportement, il a également suivi des séminaires de coaching. Il suit encore, et assez régulièrement des coachs en développement personnel.

Il est également membre de l'Union Nationale des Combattants (UNC-Alpes), et de l'amicale du 27e BCA.

AVANT-PROPOS

« Tout le monde savait que c'était impossible à faire.
Puis un jour quelqu'un est arrivé qui ne le savait pas, et il l'a fait »
(Winston Churchill)

Bonjour à tous, vous qui lisez ces lignes,

Ce livre a pour but de vous apporter toute l'aide dont vous avez besoin pour améliorer votre quotidien qui vous mènera, si vous le souhaitez vraiment, vers le succès et la réussite. Il remplira les blancs de votre esprit concernant le domaine de l'attractivité.

Autant être honnête dès le départ, vous disposerez de nombreux outils que je vais vous apporter au fil des pages, cependant, il faudra s'investir personnellement. Je ne suis ni magicien, ni vendeur de rêves, je ne fais que ressortir ce qui est déjà en vous, c'est-à-dire votre capacité à être meilleur et à aller de l'avant. Si vous voulez me donner une fonction, alors ce sera celle de guide.

Très tôt dans ma vie, je me suis intéressé au développement personnel, en commençant par un livre de Norman Vincent Peal « la puissance de la pensée positive », il m'a tellement fasciné que j'en ai lu un autre, puis un autre, et ainsi de suite, je ne pensais même pas écrire mon propre livre un jour, m'en sentant incapable, mais finalement, et grâce à « mes coachs » (morts ou vivants), et au « secret » (je reviendrai dessus), j'ai eu le courage et la force d'agir.

Je me suis retourné la question plusieurs fois, j'étais exactement comme vous il y a peu de temps de cela, et je me suis dit « si ma stratégie ne fonctionne pas, il faut en essayer une autre », le problème, je le prenais à l'envers, et il existe très peu d'ouvrages traitant en profondeur de l'être et de pouvoir sonder son propre esprit, car en ma connaissance, le sujet est vaste.

Il m'a fallu beaucoup d'informations et de lectures avant de publier ce livre, des auteurs en développement personnel comme Max Piccinini, Mickaël Losier, Franck Nicolas, Napoléon Hill (comme je l'appelle affectueusement mon maître à penser), Florence Shoven Shyn, Emile Coué et Norman Vincent Peal. Ce sont tous ce que je considère comme des amis de cœur, je leur dois énormément, Ils m'ont tous aidé à m'ouvrir la voie vers le meilleur de moi-même, et comme ils l'ont fait, je vous transmets la connaissance dans le domaine, je vais vous aider à répondre aux questions que vous vous posez sur le sujet. Pourquoi cela ne fonctionne pas comme les professionnels le décrivent ? Qu'est ce qui bloque au fond de vous ?

Tous les écrivains dans le domaine de la pensée constructive, tels qu'ils soient, sont dans le vrai, il y a des raisons pour lesquelles rien ne fonctionne comme vous le voudriez et cela vient de vous-même.

Si certains font le maximum et que rien n'aboutit, c'est parce que vous n'avez pas fait les choses comme il le faudrait inconsciemment. Il vous manquait l'essentiel.

Dans le présent ouvrage, je vais vous révéler quelque chose de fabuleux qui peut changer votre existence à tout jamais, un pouvoir que nous avons tous qui permet de franchir des barrières sociales, d'être une meilleure version de vous-même, ce que j'appelle très précisément « Le secret ».

Le jour où j'ai découvert « Le secret » a été une révélation pour moi, ma vie a fait un pas de géant, dans quelles circonstances ai-je découvert ceci ? Pour tout vous expliquer, c'était durant le réveillon de l'année 2017, au Casino de Chamonix, une femme âgée d'apparence aisée, bien habillée, la « chic touch » comme je pourrais appeler, m'a raconté une histoire fabuleuse, celle qui l'a fait accéder au succès et à la réussite.

Après que les douze coups de minuit ont sonné, nous étions à discuter de choses et d'autres devant un verre de champagne, les invités commençaient à rentrer chez eux, la grande salle à l'étage se vidait, il ne restait plus que quelques personnes, dont moi, ma compagne du moment et cette inconnue.

Nous évoquions nos vies, notre parcours chacun tour à tour, puis elle devint un peu plus confidente, je me rappelle qu'elle m'a empoigné le bras et me confia « il est temps de changer de direction jeune homme ! » en parlant de ma vie professionnelle.

Elle sortit une sorte de petit carnet avec un stylo et nota quelque chose dessus, puis elle en déchira un bout de papier avec ses notes. Elle le plia en quatre et me le tendait en me disant « le jour venu, vous en aurez besoin », puis je le mis dans ma poche de veston.

J'ai gardé ces notes détenant « Le secret » comme un bien précieux, ce qui était noté dessus va vous faire un choc et vous sera révélé au fil des pages, car il y a des étapes à respecter, ce pouvoir est très puissant, il est en chacun de nous, il peut construire comme il peut détruire selon comment on l'utilise, cela demande un certain état d'esprit à un moment donné, pas de précipitation, je vais vous montrer comment l'utiliser.

L'année d'après, je ne l'ai pas revu, mais ces mots dans notre conversation sont restés gravés dans mon esprit, « le positif attire le positif ! ». Souvenez-vous en vous aussi !

Nombreux sont ceux qui passent leur vie en ignorant un tel pouvoir, celui de l'attractivité, d'obtenir tout ce que nous désirons dans notre existence, vouloir être reconnus, riches de connaissance, de pouvoir s'offrir des vacances, aller ou bon nous semble. Au moment où j'ai découvert ceci, tout semblait plus clair dans mon esprit, je faisais fausse route. Imaginez que vous ayez ça entre vos mains, cette formule secrète.

De nombreuses personnes passent leur existence à ne pas tenter l'expérience, qu'elles en arrivent à la fin de leur vie à se dire « si j'avais su ! », voulez-vous vivre avec des regrets, ou changer radicalement

de cap ? Je vous propose la solution ultime, celle que personne le connaissant ne vous dira, car elle est vraiment très puissante, « mais » (car il y a un « mais ») ce pouvoir a un côté plus obscur, c'est l'aspect le plus effrayant, et je vais vous éviter ce piège. La totalité du « Secret » vous sera révélée. Mais pour fonctionner, je peux vous garantir que cela fonctionne.

Comme précisé auparavant, cet ouvrage n'est pas un livre de magie, mais il a le pouvoir de faire réagir votre subconscient, pouvant transformer vos rêves en réalité. Il existe un fabuleux pouvoir, celui de la maîtrise de ses pensées et de les concrétiser, posséder une grande maison, avoir une belle voiture, obtenir un bon emploi, et tout ce dont vous rêvez, tout est à portée de main ici et maintenant dans ces pages.

Nous pouvons attirer à nous tout ce que nous désirons, selon la loi de l'attraction. Attention ! Il y a des conditions pour que cela agisse sur vous, la matérialisation ne fonctionne pas si vos pensées sont accompagnées d'un sentiment de besoin absolu, il est essentiel de songer que tout est déjà à votre portée, cela demande une concentration constante et occulter les freins de vos désirs, oublier votre égo.

Les chapitres ont été conçus dans un ordre bien déterminé, car il comporte des étapes pour progresser. Si vous n'êtes pas un habitué de la lecture, ou que vous n'avez que très peu de temps à consacrer, je vous recommande de vous munir d'un marque page. Vous pouvez lire un chapitre à la fois, ou une vingtaine de pages, c'est vous qui choisissez.

Je vais approfondir, tenter d'aller à la source de vous-même, exploiter vos capacités, et briser ENFIN cette carapace, trancher le nœud gordien de votre existence. Vous expliquez comment quelqu'un qui n'est visiblement parti de rien a soudainement pris un nouveau départ. Comme vous, ma vie a été une succession d'épreuves et d'échecs, je vais vous démontrer qu'avec la volonté et une détermination sans faille, on arrive à tout.

Au fil de vos lectures, vous allez y prendre goût, devenir addict de connaissances, et en saurez un peu plus que la veille. Grâce à des techniques simples, je vais vous apprendre à devenir une version améliorée de vous-même.

Ne brûlez pas les étapes ! Commencez tranquillement cet ouvrage dès le début, il est inutile de passer aux chapitres suivants sans en comprendre la substance des chapitres précédents, cela reviendrait à regarder une vidéo en ne regardant que les dernières minutes sans en saisir en substance l'histoire, ou et pourquoi cela a commencé.

Les méthodes dans le présent ouvrage fonctionnent, et en plus, elles sont gratuites (enfin presque), je ne vous vends pas du rêve mais ne fais que ressortir ce que vous avez en vous par la force de vos pensées, elles peuvent construire comme elles peuvent détruire votre vie, tout dépend de comment vous utilisez ce pouvoir.

Vous y trouverez, à l'intérieur de cet ouvrage :

— **Des analyses théoriques**, résumant en détails la transmission du savoir reçu dans le domaine. Le secret vous sera révélé progressivement.

— **Des conseils pratiques**, pour avoir les bonnes habitudes à prendre, acquérir davantage de confiance en soi et déclencher en vous le phénomène d'attraction.

— **Des anecdotes**, voulant partager un peu de mon parcours et tisser le lien entre vous et moi de confident à confident(e)s, et de personnalités connues ou non.

Je vais vous apprendre à « faire » et « croire », et décrypter les origines de vos croyances erronées, ce que l'on vous a inculqué. Casser le ciment qui a pris autour de vous et qui vous empêche de bouger et d'avancer. Vous voulez le meilleur de vous-même ? Cela doit passer par une analyse personnelle en un premier lieu, se rapprocher des circonstances qui vous décrivent pourquoi vous en êtes là, dans cette situation.

Avec vous, j'élaborerai au fil des pages un programme pour substituer une pensée négative et la transformer en pensée positive. Je vous invite à appliquer, immédiatement dès la fin de votre lecture, les méthodes que je vous propose dans le présent ouvrage.

Ne soyez plus la victime de votre vie, agissez dès maintenant et croyez en vous ! La valeur n'attend pas le nombre des années, il n'est jamais trop tard. Reprenez-vous en main en contrôlant votre destin. Ce n'est pas en vous retournant vers la fin de votre vie que vous direz « si j'avais su ! »

La réussite n'est pas une question de milieu social ou d'environnement, ou encore moins de chance (du moins, l'interprétation qu'on en fait). Tout le monde qui s'en donne les moyens peut y arriver, si on y croit réellement.

Vous souhaitant à tous et à toutes une bonne lecture, qui, je l'espère sincèrement, deviendra la porte d'entrée de votre succès.

Amicalement ;
Yoann MERITZA

INTRODUCTION

*« La vie, c'est comme une boîte de chocolats :
on ne sait jamais sur quoi on va tomber. »
(Tom Hanks / Forest Gump)*

Notre monde regroupe près de 7 milliards d'individus au moment où j'écris ces lignes, car cela reste une donnée variable, un fourmillement incessant d'hommes et de femmes, il y a des naissances et des morts, une multitude d'émotions générés chaque seconde, et quelque part, au milieu de toute cette agitation, il y a une personne en particulier, les yeux ouverts sur cet environnement et remplie d'émotions, cet être qui vit au milieu de cette pagaille, c'est vous qui tenez mon livre entre les mains, désireux de changer d'horizon dans votre existence.

Pourquoi la loi de l'attraction ne fonctionne-t-elle pas sur vous ? La question vous reste en suspens malgré tous les efforts loués pour y arriver. Vous avez émis des tentatives désespérées mais rien ne se passe.

Est-ce qu'elle fonctionne vraiment ?

Oui, clairement je réponds à l'affirmatif, mais peut-être êtes-vous de ceux qui ont déjà tout essayé, toutes les méthodes existantes sur le sujet, à potasser des livres sur le développement personnel.

Après avoir suivi tous les conseils, rien ne vient à vous, cela veut dire que le problème vient d'ailleurs, de l'interprétation faite de ce pouvoir, de la négligence de voir autrement.

Par exemple, si vous avez une voiture, et qu'elle ne démarre pas, vous avez, entre autres possibilités, soit vous la portez chez le garagiste, soit vous tentez de trouver la panne tout seul.

Dans le premier cas, vous vous dites que vous n'y connaissez rien et vous l'emmenez chez le garagiste, avec le risque d'une intervention coûteuse.

Dans un second cas, vous tentez de trouver la panne, en faisant des suppositions hasardeuses sur les raisons du non-fonctionnement, vous déposez une partie du moteur, mais vous ne savez pas comment le remonter, il y a plein de pièces qui jonchent le sol. Votre excès de confiance cumulé à votre ignorance vous fait passer à la case garage pour une intervention plus coûteuse que la première.

Troisième possibilité, qui est la bonne et qui ne vous coûtera rien (juste du temps et de la réflexion), vous tentez de trouver la panne avec un esprit logique, vous regardez s'il y a de l'huile, de l'essence, bref, une maintenance standard, l'état de la batterie, des fusibles, mais vous ne trouvez toujours pas. Alors vous insistez, vous regardez le livret technique dans la boite à gants, vous consultez internet sur les problèmes similaires et finalement, « Eureka », vous avez la solution, le faisceau d'alimentation en Gas-oil était débranché.

Parfois, nous nous butons à rechercher un problème compliqué demander pourquoi sa voiture ne démarre pas, alors que la solution est simple et à notre portée.

Je vais vous montrer dans ce livre ce qu'il se passe et que des fois, la solution paraît plus simple que nous le pensions.

Vos essais se résument à tenter d'allumer un feu avec un briquet mouillé sous une pluie torrentielle en Bretagne (désolé pour mes amis bretons).

Pour y répondre, et je le développerai dans ce présent ouvrage et pour ceux connaissant les principes de base du développement personnel, ce n'est pas la faute de la fatalité et personne ne vous a jeté un sort, vous n'êtes pas maudit par le destin je vous rassure, rien de tout cela.

Pour ne plus être sous le joug d'une « soi-disant » fatalité, il faut déjà vous retirer ça de la tête. Il y a une issue qui vous fera progresser, et il est inutile d'aller devant son miroir en agitant son petit doigt accusateur sur votre personne en disant « c'est de ta faute ! »

Le problème est bien plus subtil, il se situe ailleurs, bien qu'une part de votre personnalité joue contre vous, et c'est en lien avec votre passé, ce que vous avez vécu, l'éducation et les croyances que l'on vous a inculqué, votre besoin d'appartenance sociale dans un monde devenu complètement fou. Acquérir une forme de notoriété et de reconnaissance, mais en quoi et à quel titre ?

Comme je le disais, tout ce qui vous arrive provient en grande partie de vos croyances et de votre éducation, rajoutez-y votre égo dans l'affaire, et vous avez tous les ingrédients qui font que vous n'avancez pas, je vous demanderais d'être très attentif concernant ces derniers points.

Vous voudriez passer le cap de la postérité, être reconnu, mais pour cela, il vous faudra être connu, hors dans le cas présent, vous n'êtes personne pour le commun des mortels, sinon, autant vendre des réfrigérateurs au Groenland ou des radiateurs au fin fond du désert du Sahara, en clair, ça ne sert à rien.

Votre existence dépendra de l'intérêt porté sur les autres, car ils sont le reflet de votre âme, de votre être, et si vous connaissez les lois de la causalité, on attire à soi ce que l'on donne chez les autres.

L'homme ou la femme est son propre miroir. Quand vous avez des individus qui vous connaissent et que vous avez ignoré, ne vous étonnez pas d'être ignoré à votre tour, si vous pouviez voir avec leurs yeux votre comportement, vous diriez « oh là là, quel ingrat ! » ou « quel égoïste ! », bref, c'est plutôt mal engagé pour donner une bonne image. À la différence, il y a ceux qui n'ont jamais eu encore un avant-goût de qui vous êtes, il y a toujours possibilité de leur donner le meilleur de vous-même.

Ce qu'il faut changer en priorité, c'est son attitude envers les autres et envers vous-même. À la fois notre monde intérieur et extérieur. Nous disposons tous d'un capital en énergie chargée positivement ou négativement, et pour ceux qui savent de quoi je parle, ayant déjà étudié la loi de l'attraction.

Nous sommes tous muni d'une bulle vibratoire tout autour de nous, à l'intérieur, vous percevez le monde extérieur, les deux sont liés, ce que vous êtes, détermine ce que sont les autres, la règle est universelle. Ne jugez pas les autres si vous ne voulez pas être jugé négativement (la nature humaine juge toujours quoi qu'il arrive), regardez le monde autrement, et en retour, il vous observera différemment.

S'il y a un changement à effectuer, il devra se faire progressivement pour ceux que vous connaissez, à la fois entourages et amis, cela risquerait de les choquer et se demanderaient si vous êtes drogué. Le plus simple est de commencer par des mots et gestes de complaisances tout simples, apprendre à dire « bonjour », « au revoir », « merci », etc....... c'est la base, la politesse. Ensuite, ayez le sourire en regardant le bon côté des choses, vous êtes en bonne santé, vous avez un toit sur la tête, comment pouvez-vous imaginer obtenir plus de la vie si vous n'êtes déjà pas satisfait de ce que vous avez ? Vous avez tout pour être heureux, le « High-tech » est vraiment secondaire, il y a des plaisirs simples que procure la vie, ne les négligez pas !

Pourquoi vous n'y arrivez pas ? Reprenons le problème à l'envers :

En 1963 à Grant Pass dans l'Oregon, un jeune athlète se présenta à un meeting lycéen organisé par le Rotary Club. Il était frêle et peu amené à réussir et devenir la personne célèbre qu'il est actuellement.

En effet, pratiquant le saut en hauteur depuis l'âge de 10 ans, il n'a cessé de trouver le moyen pour parfaire sa technique, car il n'arrivait pas à l'objectif qu'il s'était fixé, dépasser les deux mètres de haut, il n'en était qu'à 1,80 m.

Contre toutes attentes, lors du meeting, il réussissait à passer au-dessus des deux mètres, en faisant différemment des autres concurrents, au lieu de passer la barre sur le ventre, il la passa sur le dos, pour réaliser cet exploit, il a dû changer de technique, vu que cela n'aboutissait à rien.

Son saut, qui fut validé par les juges à l'époque, fut baptisé du nom du réalisateur de l'exploit, cela s'appelle « le Fosbury »

S'il a réussi quelque chose d'impossible pour lui à l'époque, pourquoi n'en serait-il pas de même pour vous ?

Peut-être est-ce juste une question de méthode à changer, quelquefois, nous avons tendance à nous buter sur du conventionnel, sans prendre le problème autrement.

D'où le sens de ce présent ouvrage qui consiste à voir une approche différente de ce qui est déjà connu, vous avez sans doute déjà tout essayé mais rien n'aboutit, pourquoi ? Vous avez les connaissances sur le sujet du développement personnel et la loi de l'attraction, écrits par de très bons auteurs que j'apprécie personnellement qui vous ont coaché de manière intensive.

Ils vous fournissent de très bons outils, à vous de les utiliser ! Les meetings ne sont pas uniquement des occasions de poser en photo avec eux et de publier sur Facebook, bien que cela pourrait paraître sympathique.

Ce qui bloque ne vient pas d'eux, ils font un excellent travail, donc, cela ne peut venir que de vous et de votre degré d'investissement sur le sujet, comment est interprété pour vous la loi de l'attraction et le développement personnel ?

Le problème ne vient que de vous, c'est comme un myope qui cherche vainement ses lunettes posées sur son nez. Pour la loi de l'attraction, c'est pareil, vous recherchez le problème alors qu'il est tout simplement en vous. Toutes les conditions ne sont pas remplies pour attirer à vous vos désirs.

On appelle « loi de l'attraction », car il y a des règles à respecter et comment les interpréter. Cela provient en grande partie de son investissement personnel, à la fois sur sa manière de penser et d'agir, les deux sont combinés.

Les lois de l'attraction existent et doivent être mis en osmose avec ce qui constitue votre entité toute entière, à la fois votre ressenti, votre patience, et votre capacité d'analyse. Elles ont besoin de trois éléments pour fonctionner :

Un environnement interne :

— **des pensées positives** qui consistent à un travail sur soi-même pour attirer à vous les choses que vous désirez, ne pas regarder les nuages, mais le soleil qui se cache juste derrière, ne pas se laisser influencer pas les dires de vos proches, changez votre état d'esprit ! Nous sommes tous capables de grandes choses, et je dis bien tous, vous qui lisez ces lignes, vous avez une grande force intérieure qui ne demande qu'à s'exprimer, si cela n'est pas le cas, alors, pourquoi lisez-vous cette page ? Qu'est-ce qui vous a amené jusqu'ici ?

— **l'abandon de soi sans parasite extérieur**, vous ne devez pas penser en permanence au résultat positif à obtenir, il faut agir dans le sens de ses projets dans l'instant présent, sans procrastiner, si nous voulons attirer vers nous tout ce que nous désirons, il faut laisser venir l'objet de nos désirs, cela reviendrait à vouloir pousser une porte battante, alors que l'énergie de l'attraction pousse de son côté aussi. Quand nous y pensons plus, toutes nos attentes arrivent, ne soyez pas impatient.

— **un apport personnel**, une contribution physique, le don de soi, on n'a rien sans rien ! Cela ne viendra pas tout seul si la situation dans laquelle vous êtes n'y prête pas. Vouloir, c'est une chose, mais passer à l'acte en est une autre, il vous faut trouver un point de départ, votre instant T qui vous fera avancer, bien sûr, rien ne se fera en un claquement de doigts, ce serait trop beau.

Les deux sont indissociables, par exemple, quand vous songez à partir quelque part, vous préparez vos valises, elles ne se feront pas toutes seules par la seule force de la pensée. Une plante a besoin d'eau et de soleil pour s'épanouir, s'il n'y a pas l'un de ces deux éléments, elle se meure.

La vie est un chemin montagneux, derrière se trouvent des vallées, imaginez transporter des sacs de sable représentant votre fardeau, ils représentent vos peurs, vos doutes et vos envies.

Débarrassez-vous de ces sacs, et le voyage sera plus léger.

Tout ceci fait partie d'un processus plus ou moins long selon les personnes, qu'elles soient introverties ou extraverties, autant commencer tout de suite.

Ce processus est nommé « Cycliques », car nos décisions ont des cycles (ou révolutions), je vous donne, dans ce livre, le mode d'emploi de ce processus.

Autant vous dire, certain ont plus de facilité que d'autres, mais la finalité de ce livre reste la même, la réussite, vous ressentirez à la fin un sentiment de fierté.

Où en êtes-vous dans votre vie ? Quelles sont vos réussites ou vos échecs ?

Faites d'abord le point sur vous-même sur ce que vous avez et ce qu'il vous manque.

Vous avez fait des erreurs dans votre vie ? Certes, mais vous ne pouvez pas y repenser éternellement ! À quel point êtes-vous déterminés à réussir votre vie ?

Toutes thérapies doivent nécessiter un bon diagnostic, sinon, cela ne sert à rien ! Autant poser un pansement sur une plaie ouverte, « trois aspirines et revenez dans un mois ! », vous croyez réellement que tout se guérit comme ça ? Une maison sans les fondations ne tient pas debout. Ce que je tente de vous expliquer, c'est qu'il faut aller à la source du mal pour mieux le soigner, un médecin ne donne pas de médicament à l'aveuglette sans un diagnostic précis.

Il s'agit de la toute première étape de votre transformation, rentrer au cœur du sujet que je souhaite développer avec vous.

Briser les liens avec sa condition

Ce qui va être évoqué dans le présent ouvrage est issu d'expériences connues tout au long de ce que j'ai traversé dans ma vie pour en arriver jusqu'à cette phrase posée sur cette page, je sais bien que tout le monde n'a pas le même vécu, mais vous y trouverez des similitudes. Je vous montrerai comment briser les liens de votre condition actuelle et à adopter une nouvelle façon de penser.

Je vais d'abord vous apprendre à devenir plus forts psychologiquement, car vous le pouvez, croyez-moi ! Nous avons tous un pouvoir en nous, y compris vous, il dépasse tout ce que vous pouvez imaginer.

Il est important de suivre les premières étapes de ce livre avant d'entamer le travail de fond sur vous-même.

PARTIE I : POINT DE VUE THÉORIQUE

CHAPITRE 1 : DIAGNOSTIQUER L'ORIGINE DE NOS MAUX

« La meilleure façon de combattre le mal est un progrès résolu dans le bien. »
(Lao Tseu)

Pourquoi rien ne fonctionne comme on le voudrait ?

Quand les tentatives de réussites sont veines, il faut chercher les explications. Parler de ce qui fonctionne sans évoquer ce qui ne marche pas, c'est comme apporter une réponse sans question.

Que s'est-il passé dans nos vies ? Depuis la naissance, nous sommes tous identiques, non pollués par les éléments extérieurs, du moins, les premières années, puis, petit à petit, nous découvrons notre environnement dans lequel nous grandissons, tout ce que nous voyons ou entendons façonne notre vie selon comment on interprète la situation dans notre subconscient qui crée tous les sentiments, la peur, le doute, la joie, la tristesse, et le courage.

Nous avons tous une histoire qui nous a mené au point où nous en sommes, rien ne s'est fait tout seul, il y a des circonstances qui ont poussé à ce que l'on devienne telle personne à tel endroit, le milieu social joue un rôle, je ne me permettrais pas de l'occulter.

L'environnement dans lequel nous évoluons, a une influence sur notre état d'esprit. Habiter dans un immeuble insalubre avec des problèmes de quartier joue contre nos pensées positives, l'oppression est dominante, créant des sentiments de peur et de stress au quotidien.

Vous comprendrez que baigner dans un tel environnement n'a rien de bénéfique à notre état d'esprit. Vous vous en imprégnez comme une éponge.

Peut-être n'est-ce pas le cas pour vous, mais si j'écris ce livre, c'est pour impliquer tout le monde, aussi bien ceux qui ne vivent pas dans le milieu que je décris. Je me dis « tant mieux pour vous ! », et d'un autre côté, cela vous permet de comprendre des personnes de votre entourage qui vivent cette situation.

Comment se fait-il que certains individus y arrivent et d'autres non ? Je vais tenter de répondre du mieux que je peux à cette question.

Tout d'abord, il y a l'environnement dans lequel nous sommes nés et dans lequel on évolue. Cette donnée semble être contrecarrée par l'interprétation que l'on en fait de ce milieu de vie depuis notre enfance, soit par la volonté, soit par la résignation, en nous inculquant des croyances plus ou moins erronées, l'éducation parentale joue un rôle, l'archétype d'un père qui gâte trop, ou d'une mère trop protectrice, on nous inculque des interdits et ce que nous devons faire selon eux, notre libre arbitre semble être contrarié en étant tout jeune, cette période où notre cerveau enregistre le plus d'informations.

Vous faites partie intégrante d'un système que l'on appelle « le paradigme », il s'agit d'un code social relatif à un groupe d'individus issus de votre milieu environnant. Si vous êtes né dans le monde ouvrier, vous avez reproduit inconsciemment tout ce que vous avez vu ou entendu. Vous avez appris à vous situer dans une hiérarchie, à haïr les chefs d'entreprises ou tout ceux qui réussissent, alors que vous voulez vous-même devenir une de ces personnes, il y a une forme d'incompatibilité au niveau de la volonté, cela vous paralyse, cela reviendrait à dire « vous voulez être patron, mais vous ne les aimez pas, donc vous ne vous apprécierez guère ! », c'est ancré en vous.

Pour vous décrire le paradigme, laissez-moi vous donnez un exemple :

Une expérience a été menée sur quatre singes dans un zoo, au milieu de la cage où ils se trouvaient, il y a une échelle, au-dessus de celle-ci, des bananes.

L'un des primates montait sur l'échelle pour prendre les bananes, et les trois autres se prenaient un jet d'eau froide.

Puis on enlevait celui qui est monté sur l'échelle pour le remplacer par un autre, ignorant ce qu'il s'est produit avant. Il est installé devant l'échelle, et à peine a-t-il posé la patte sur le premier barreau, les trois autres singes se mettaient à grogner (sans qu'il n'y ait eu de jet d'eau froide).

On remplaçait encore un des primates, un de ceux qui n'est pas encore monté à l'échelle, puis on le plaçait devant le premier barreau. Naturellement, il commençait à grimper.

Les deux derniers singes, ainsi que celui qui n'était pas au courant du jet d'eau froide, se mettaient à grogner.

Pour finir, ceux du début de l'expérience qui avaient connu le jet d'eau froide sont remplacés par deux autres, plus aucun n'avaient connaissance de ce qu'il se passerait si on touchait aux bananes.

Un des nouveaux commençait à grimper sur l'échelle, puis les autres grognaient. Ils ne savaient pas pourquoi, mais ça a toujours été comme ça !

Je vais faire ma propre expérience avec vous (sans échelle ni bananes) :

Prenez quatre stylos, un vert, un rouge, un bleu et un noir.

Écrivez « *rouge* » en « *bleu* », « *bleu* » en « *vert* », « *vert* » en « *noir,* et « *noir* » en « *rouge* » !

Maintenant, lisez le plus vite possible les couleurs que vous avez notées (c'est facile pour l'instant)

Ensuite, faites la même chose, mais en ne nommant que les couleurs des mots (ah ! Ça coince légèrement on dirait !)

Puis alternez, un mot, une couleur (ça devient difficile)

Pour vous montrer l'impacte que peut avoir le subconscient sur votre manière d'interpréter les choses, le paradigme est gravé dans votre subconscient, mais avec de l'entraînement, nous pouvons palier à ça, rien n'est impossible tant que nous n'essayons pas.

Votre esprit s'est façonné une « idole d'or » dans votre vie, ce sont vos convictions profondes, vous croyez être sûr d'être dans le vrai (votre vécu, vos expériences vous ont façonné). Vous disposez de vos propres croyances sans que cela soit la vérité absolue, elles forment une barrière à votre réussite, ce sont vos freins inconscients qui vous murmurent « ça ne sert à rien », « j'ai déjà essayé », « ce n'est pas pour moi ».

Vous vous mentez à vous-même en vous mettant une bulle protectrice autour de vous, cela a un rapport avec votre passé, vous vous évitez la peur des moqueries ou des « qu'en dira-t-on ? », la peur de la risée populaire vous bloque au point où vous en êtes, devant vous, il y a une barrière qui vous semble infranchissable. Suis-je dans le vrai ou du moins en partie ?

Ne vous forgez pas une « idole d'or », n'agissez plus selon les croyances des autres et ayez confiance en vous et en ce qui vous semble juste.

Il y a aussi notre caractère, passant de l'introverti et calme à l'extraverti et colérique (et inversement) qui fait partie de notre patrimoine génétique.

Un enfant agité et colérique aura tendance à avoir des comportements de défiance envers ses parents et professeurs, alors qu'un enfant calme aura plutôt tendance à obéir, même sous la contrariété, il ne cherchera pas les conflits, mais au fil des années, avec les fréquentations qu'il aura connues en positif ou négatif, son tempérament basculera d'un côté ou de l'autre. Il pourrait lui aussi se rebeller s'il a les tripes de le faire.

Notre âme agit comme une éponge qui absorbe toutes les énergies positives et négatives, ce que nous sentons, ce que nous éprouvons, ce que nous entendons affecte notre humeur et nos croyances selon l'environnement dans lequel nous évoluons.

Mode d'emploi de votre subconscient

Supposons que vous ayez à construire une petite maison en pierre, vous prenez des blocs assez gros pour la bâtir, vous êtes sûrs de ce que vous faites et cela vous semble solide.

Cette petite maison, c'est votre fierté, vous l'avez réalisé de vos mains et pendant des années, elle résiste aux outrages du temps.

Un jour, un architecte de passage vît votre œuvre et alla à votre rencontre en s'exprimant ainsi : « c'est vous qui avez réalisé ça ? »

Fièrement, vous lui répondiez « oui, c'est moi ! »

Il répondit « je me demande comment quelque chose d'aussi instable peut tenir, en 10 ans d'expérience, je n'ai jamais vu ça ! Les pierres sont mal réparties, vous avez de la chance que ce ne soit pas tombé sur vous ! »

Cet architecte a semé la petite graine du doute en vous, et elle grandira arrosée par vos nouvelles convictions. Tout ce qui faisait votre fierté s'est envolé, ce doute grandit et se transforme en peur, vous vérifiez plusieurs fois la structure de votre maison, vous en faites à chaque fois le tour pour chercher les éventuels défauts, et la nuit, vous avez du mal à fermer l'œil.

Vous y songez tout le temps en vous disant « pourvu qu'elle ne me tombe pas sur la tête ! »

En un temps très court, cette pensée s'atténue, vous vous dites qu'il n'y a plus aucune raison de s'inquiéter, que vous vous faites du souci pour rien, alors que vous dormez tranquillement, ce que vous avez pensé se réalise, en pleine nuit, « patatras », c'est la catastrophe.

Que s'est-il passé ? Vos convictions ont été chamboulées. Les pierres représentent vos croyances et l'architecte symbolise les jugements et les critiques. Vous vérifiez les murs et rien ne se produit, jusqu'au jour ou vous ne le faîtes plus (principe de la onzième heure sur laquelle je reviendrai).

Ce que je veux dire par là, si vous croyez fort à ce que vous bâtissez, cela tiendra longtemps, mais si vous vous laissez envahir par les critiques, tout s'effondre, ne vous laissez pas douter par les jugements ou les critiques, il s'agit exclusivement de vous et de vos croyances. Votre maison, vous pouvez la reconstruire en mieux, tirez leçons des critiques, n'abandonnez pas à cause de ce que vous entendez ou lisez ailleurs, et surpassez-vous « quand on veut, on peut ! »

Dans notre vie, nous avons tous une carte au trésor, à nous de le trouver ! Vous avez en vous quelque chose de plus fort que l'adversité, puisez en vous et n'ayez plus peur de rien, avancez sans crainte !

Il n'est jamais trop tard pour changer de vie, de prendre une autre voie, mais avant tout, il y a un grand travail de reconstruction, en commençant par les fondations.

L'empreinte et la matrice

Nous sommes tous identiques à l'origine, dès notre naissance, nous disposons d'une enveloppe charnelle qui accueille notre esprit, c'est ce corps qui nous permet d'évoluer dans le monde dans lequel nous vivons et d'interagir avec les autres.

Si nos esprits sont identiques, leurs façons d'évoluer diffèrent selon deux critères, l'environnement dans lequel nous grandissons, et la manière dont les données sont traitées selon des croyances personnelles et inculquées.

Ce qui détermine pourquoi des individus luttent pour leur survie, et d'autres restent placides et apeurés, ce sont les empreintes laissées dans notre subconscient, des croyances que nous créons à partir de l'apprentissage de la vie, ce que nos professeurs ou nos parents nous ont dicté, les notions de ce qui est bien ou de ce qui est mal, l'interprétation que l'on en a fait, soit en étant un enfant révolté et réfractaire à l'autorité parentale, voulant briser les interdits, et l'enfant sage qui se voulait obéissant, de peur de commettre des faux pas et voulant filer droit.

Dans notre enfance, on nous a inondé l'esprit d'interdits, des choses qu'il fallait faire ou non, on nous a imposé des freins dans notre esprit en nous disant « ce n'est pas pour nous », sans avoir pris le temps de découvrir ou d'essayer, enfermant notre curiosité dans une forme de boite de pandore. Et si maintenant, nous faisons sauter le verrou, que découvririons-nous ? Que se cache-t-il à l'intérieur ? Toutes les occasions perdues dans les tréfonds des croyances populaires ou familiales, créant le dogme de la pensée soi-disant vraie, mais rien n'est fermé dans l'absolu, il suffit de s'interdire les interdits.

Nous n'avons pas tous eu la chance de naître ou d'habiter dans un environnement aisé et propice à la positivité, il y a des individus qui se contente de ce qu'ils ont contre leur gré, non par choix, mais la résignation a pris le pas sur leur envie de quitter ce milieu, ce n'est pas comme vous qui avez choisi de vous en sortir, y arriver dans la vie, force est de reconnaître aussi que tout le monde est différent, donc tout le monde ne fonctionne pas pareil.

L'acceptation de sa situation, c'est le pire mal qu'il puisse exister, je ne dis pas qu'à un moment ceux dont je parle n'avaient pas eu l'envie de s'en sortir, c'est un cumul d'événements qui les ont poussés à accepter bien tristement, en nous poussant à des habitudes quotidiennes sans forcément nous en rendre compte aux premiers abords.

Quand on observe bien le quotidien de certain, et l'environnement où ils vivent, ça n'aide pas non plus. En se projetant dans la tête de ces personnes, nous y ressentons le trouble mental paralysant, en se projetant en eux, qu'est-ce que nous y verrions ?

Je sais que la peur peut paralyser la volonté, et que malgré les désirs, il y a ce fond de peur et de résignation qui prédomine. Pour cela que je commence ce livre par une note négative, car le mal doit être soigné à la racine si on veut se donner une chance de changer sa vie et la rendre meilleure.

Analyses théoriques des énergies

Elles fonctionnent par résonance, ce que l'on appelle « champs vibratoires », notre corps émet des ondes selon votre humeur du moment et vos sentiments.

Inconsciemment, nous faisons toujours les mêmes choses, nous faisons toujours les mêmes erreurs, ne remarquez-vous pas que la vie se répète inlassablement ? Car vous êtes pris au piège dans un cycle, autrement appelé « le cercle vicieux » ou « la spirale infernale »

Avez-vous vu le film « un jour sans fin » où le personnage principal répèta inlassablement les mêmes choses ? Il arriva à s'en sortir à la fin en apprenant chaque jour de ses erreurs, cela sera pareil pour vous.

Imaginez un tourbillon qui tourne dans le sens inverse des aiguilles d'une montre d'une taille volumineuse, et un autre tourbillon plus petit, qui se situe juste au-dessus, qui tourne dans le sens des aiguilles d'une montre, ces deux tourbillons représentent des accumulations d'énergies négatives et positives, l'un ne tourne pas sans l'autre.

En changeant nos habitudes, cela transvasera l'énergie négative vers l'énergie positive, il y aura un phénomène d'aspiration qui s'inclura d'un tourbillon à l'autre, cela se ressentira faiblement au départ sur votre environnement.

Pour vous donner une image plus précise de ce processus, ces cycliques, comme j'aime à les appeler, fonctionnent comme les pignons d'une montre (pour symboliser un peu mieux le temps qui passe). Le plus grand pignon étant les énergies négatives, dans le cas présent, entraîne le plus petit représentant les énergies positives.

L'un comme l'autre a un cycle (ou une révolution), si l'on marquait d'un trait une des dents de ces deux pignons, on remarquerait que la révolution serait plus longue que l'autre, se résumant au temps qui passe, proportionnellement pour faire le tour de lui-même, par exemple, l'un ferait un tour en un an et l'autre en 1 mois.

Si tous les choix que nous faisons, paroles que nous disons, et chemins que nous traversons étaient inscrits sur ces deux engrenages, les actions seraient d'équivalences, et c'est pour cela que quand nous nous lançons dans un projet, nous abandonnons au bout d'un court temps. Car les conditions ne sont pas rassemblées.

Pour l'actuelle situation, votre subconscient débraye des pignons qui continuent de tourner séparément et en même temps. C'est comme si vous gardiez le pied sur l'embrayage de votre voiture, tant que vous maintenez la pédale enfoncée, c'est-à-dire, tant que vous « maintenez le contrôle », le véhicule n'avance pas, relâchez progressivement la pression dessus, le véhicule commencera à avancer, et c'est pour cela qu'il vous faut construire des pensées positives, faites de bonnes actions, consolidez tout dans votre esprit, soyez fort moralement, et au moment venu, quand vous vous sentirez prêt, relâchez la pression sur l'embrayage, en d'autres termes, « lâchez prise » ! Ce qui entraînera le pignon d'énergies chargées positivement.

Vous êtes toujours aux prises dans la spirale infernale, quand vous vous lancez dans un projet, assurez-vous d'abord que ce n'est pas une fantaisie de votre esprit qui ne fait que reproduire ce que vous avez vu à la télé ou ce que l'on vous a dit.

En règles simples, bâtissez votre esprit de bonnes pensées et faites de bonnes actions, concentrez-vous principalement sur ça, marquez le terrain, ne vous lancez pas inutilement tout en sachant que vous n'êtes pas prêt à recevoir tout ce que vous désirez, le moment venu, lâchez prise.

Pour l'instant, vous êtes encore en proies avec une masse d'énergies négatives qu'il vous faut évacuer, je sais que beaucoup sont impatients, mais, soyez prêts à recevoir quand toutes les conditions seront remplies.

Cependant, nous pouvons inverser la tendance, rendre l'engrenage positif plus grand que l'engrenage négatif, il faut avoir conscience que tout est possible avec un peu de volonté. Personne n'est condamné à la fatalité.

La pensée dispose d'un énorme pouvoir d'attractivité et vous vous en servez inconsciemment !

Ne pensez pas au ciel et à la grosse tempête va avoir lieu, n'imaginez pas la foudre !

En cet instant, vous y avez pensé n'est-ce pas ? C'est parce que votre esprit ne connaît pas la négation.

Vous faites des choses dans votre vie qui viole des interdits, inconsciemment, vous le faites ! Par exemple, quand vous voyez un panneau « ne pas entrer » ou « attention peinture fraîche », votre curiosité va prendre le pas, vous serez tentés d'entrer pourquoi vous ne pouvez pas le faire, ou de toucher la peinture pour vérifier qu'elle est bien fraîche.

Il vous faut éviter de vous projeter dans l'avenir, à ruminer des « pourvu que » ou des « si seulement ».

Par exemple, si vous vous dites « pourvu qu'une tuile ne me tombe pas sur la tête », le problème est que vous y avez songé, et cela risque de faire des dégâts quand votre vigilance sera relâchée.

La tuile va tomber de toute façon, mais rassurez-vous, ce ne sera que temporaire, derrière ce « quoique », se dissimule quelque chose de merveilleux, il faut voir au-delà de la montagne, derrière les nuages et l'orage, il y a un magnifique ciel bleu. Abstenez-vous de penser aux événements futurs, ils sont très incertains, si ce n'est que pour espérer quelque chose de merveilleux.

Je ne dirai jamais que c'est impossible, seulement, il faudra y mettre du sien et changer radicalement sa façon de penser. De transformer ses faiblesses en forces, de savoir puiser tout ce qu'il a au fond de soi en se disant qu'heureusement qu'il y a eu ces situations qui m'ont réveillé et fait prendre conscience qu'un réel changement était nécessaire.

Pour cela, il faudra forcer les mécanismes de sécurité de notre subconscient qui existe sous trois formes :

• **Le mécanisme d'abandon** qui nous dit de ne pas aller plus loin et que cette situation désirée n'est pas pour nous, autant ne pas commencer et se contenter de ce qu'on l'on a. Dans ce mécanisme d'abandon, nous pouvons y inclure la velléité c'est-à-dire, avoir des projets, jeter des plans sur la comète, puis de se dire « après tout, ce n'est pas pour moi ». Cela se produit dans ce que l'on pourrait appeler « la onzième heure » (la limite), vous en êtes tellement proche que quelque chose au fond de vous vous fait douter, il y a un sentiment de renoncement qui se déclenche, on se dégonfle seulement à quelques mètres (voir à quelques centimètres) du but.

• **Le mécanisme de prévention** qui est inné en chacun de nous, c'est justement lui qui nous met en alerte si on approche la main d'une casserole bouillante, notre subconscient prend le pas sur la volonté, et nous dit « arrête, c'est dangereux ! ». C'est ce qui nous permet de garder le contrôle des événements, nous ne lâchons pas prise sur eux, quand par exemple nous conduisons, si nous ne sommes pas vigilants, c'est l'accident, au préalable, vous vous seriez dit « pourvu que je n'ai pas d'accident ! », c'est seulement quand nous relâchons notre garde, que nous n'y pensons même plus que cela arrive. Croyez-le ou non, la loi de l'attraction fonctionne comme ça, en positif comme en négatif, mais cela doit être inscrit dans le subconscient et dans votre paradigme.

• **La volonté contrariée,** qui se résume au fait de vouloir quelque chose sans s'en donner les moyens pour l'obtenir. Aussi, nous ne faisons pas d'omelettes sans casser des œufs. La volonté contrariée se caractérise aussi par un éternel combat dans votre subconscient, vous oscillez entre deux sentiments et courants de pensées, vous voulez réussir mais d'un autre côté, ceux qui y arrivent vous laisse un goût amer, vous voulez être riche, mais vous méprisez les riches, vous voulez gagner plus d'argent, mais vous estimez que l'argent ne fait pas le bonheur, et ceci fait partie de votre paradigme, il faut apprendre à aimer toutes choses que vous désirez afin de l'obtenir à votre tour. N'omettez pas d'être généreux envers la vie si vous voulez qu'elle le soit pour vous en retour.

La notion de bien et de mal en termes d'énergies

Si nous pouvions transposer les bonnes ou mauvaises influences énergétiques dans les croyances qui sont de l'ordre du sacré, nous pourrions avoir un aperçu de ce qui est bien ou mal.

Un peu plus haut, j'ai évoqué les énergies positives et négatives sous forme de tourbillons, si nous traçons une ligne entre les deux, au-dessus se trouverait le paradis, et en dessous, l'enfer.

Nous pourrions très bien parler du karma (ou d'effet boomerang), des ondes que nous fabriquons et envoyons à l'univers, elles nous reviennent dessus un jour ou l'autre.

Dans la symbolique, Dieu représente la vertu, la voie toute tracée, la pointe au sommet du triangle sur sa tête sur une représentation faite de lui, qu'il a en guise d'auréole, indique la direction de l'élévation de la conscience, cela ressemble également à une route en perspective.

Le Diable, quant à lui, représente le vice, la tendance à dériver, des voies courbées telles ses cornes, c'est la déviance.

Je ne donne ici qu'une interprétation divine de manière d'être au clair avec le sujet, la question n'est pas de savoir si je suis dans le vrai ou dans le faux, vous avez une totale liberté de convictions, tout comme moi.

Dieu l'explique autrement dans les sept péchés capitaux et dans les dix commandements, il nous donne le chemin à suivre vers la vertu. C'est une carte, un plan d'accès vers l'harmonie et la sagesse.

En regardant bien, cela peut être cohérent :

La gourmandise détermine non pas seulement le fait de se goinfrer, mais aussi sur le plan matériel, c'est toujours vouloir de plus en plus sans donner du temps ou de la nourriture. Comment espérer en avoir davantage si nous ne donnons pas aux autres ? Vous ne serez jamais (ou rarement) invités à une table si vous n'invitez pas vous-même.

La paresse, dormir sur ses lauriers, attendre que tout arrive tout cuit dans la main, c'est partir à la dérive, il y a la paresse physique et la paresse mentale, il y a des personnes qui ne se donnent pas la peine de réfléchir, mais qui ont toutes les aptitudes pour le faire. Il y a des personnes qui n'étaient pas paresseuses au début de leur existence, mais qui le sont devenu par la force des choses, à cause de la résignation, de mauvaises expériences passées, qu'elles se sont habituées à ne plus tenter quoi que ce soit. La paresse, en quelque sorte, est rentrée comme une culture de vie.

La luxure, s'adonner à des plaisirs charnels par excès, comme la gourmandise, c'est en vouloir toujours plus, une envie qui s'éloigne de l'amour physique ou spirituel. L'amour et le sexe sont indissociables, s'il n'y a nul intérêt envers la personne avec qui l'on veut faire l'acte sexuel, votre partenaire se désintéressera de vous, en laissant au passage une mauvaise réputation de dragueur, macho, profiteur et j'en passe. Votre image en sera affectée.

L'envie, céder à la tentation, se faire plaisir, il n'y a pas forcément du mal à cela, du moment que cela n'impacte pas sur les autres, c'est aussi montrer de la hauteur sans se montrer à la hauteur. L'envie de surpasser sans se surpasser.

L'avarice, tendance à s'attacher de façon compulsive aux richesses matérielles, jusqu'à les idolâtrer. Il y a bien là une recherche de l'accumulation pour acquérir toujours plus, de façon exagérée et égoïste. Les personnes avares sont parfois surnommées *radin*s ou *grippes-sou*. Tout comme la gourmandise ou la luxure, c'est en vouloir davantage, mais tout garder pour soi, il ne s'agit pas uniquement d'or ou de bijoux, cela existe aussi sur le plan matériel, une maison plus grande par exemple.

La colère, elle attire en vous les énergies néfastes qui vous détruisent spirituellement, et renvoie des ondes magnétiques malsaines à votre entourage. C'est un mouvement désordonné de l'esprit vers la violence, qui se manifeste par l'éclat de voix (hurlements), des gestes vifs, voire des paroles offensantes et la vengeance. Les pensées de vengeance ont aussi un impact, elles réagissent très bien à votre état émotionnel du moment, c'est l'osmose entre les deux, vos énergies doivent être redirigées vers des pensées plus saines.

L'orgueil, c'est le fait de s'attribuer des qualités que l'on n'a pas et de tout rapporter à soi, l'orgueilleux se croit supérieur et plus méritant que les autres individus qu'il méprise, on retrouve ces traits de caractère chez les narcissiques.

Ces sept péchés capitaux ont tous un point commun, ils affectent les autres, et ils vous renvoient des sentiments négatifs, et qui plus est, ne concernent que votre égo.

Ils se situent en-dessous de la ligne et le tourbillon grandit de ces vices, lui donnant plus de force d'attractivité et toutes actions menées pour s'en sortir seront vaines si vous ne changez pas intérieurement, vous l'aurez compris, le fait de tout rapporter à soi, que ce soit dans n'importe quel péché capital, vous enfermera dans cette spirale infernale.

Mais après les nuages, parlons un peu du soleil ! Comme je l'ai déjà dit, Dieu nous montre le chemin, la route à suivre.

Il a mis en place des indices sous forme de vertus théologiques, elles ne sont pas nombreuses, mais si nous y croyons, elles auront de la force pour vous extirper du tourbillon négatif.

Pour enclencher en nous le pouvoir d'attraction des énergies positives, il est essentiel de suivre un certain plan de route où se situent les vertus qui sont :

La foi : C'est avoir confiance, agir sans peur, garder le cap en toutes circonstances malgré les embûches de la vie, avoir la foi en ses rêves, derrière les embûches se cache toujours quelque chose de merveilleux, ne perdez pas de vue vos objectifs. Gardez ceci précieusement en vous, avancez quoi qu'il arrive, il y aura des embûches, mais vous relèverez les défis haut la main.

L'espérance : Elle peut avoir deux tranchants, rien ne viendra tout seul, il faut y mettre du sien, il n'y a pas de magie en l'espérance vaine, il faut s'investir dans l'espoir de réussir sans forcément tout obtenir du premier coup, n'abandonnez jamais, espérez et recommencez !

La charité : C'est s'oublier soi-même pour se consacrer davantage aux autres, donner de son temps ou de son argent, la charité consiste à donner de l'énergie positive aux autres, des sourires et de la gratitude. N'oubliez jamais que l'homme est le reflet de votre miroir, ce que vous faites pour les autres, vous le faites pour vous-même. Tout reviendra forcément vers vous si vous êtes généreux, ayez la force de vous oublier. Quand vous lancez un bâton à un chien et qu'il ne part pas vous le chercher, c'est que si vous regardez votre main, vous verrez que vous le tenez toujours en laisse. Lâchez prise !

Les vertus théologiques se situent au-dessus de la ligne, dans le tourbillon positif qui vous entraînera vers la réussite.

C'est ce qui différencie également un esprit ouvert d'un esprit fermé, les ondes négatives sont toujours tournées vers votre égo, alors que celles qui sont positives sont tournées vers l'altruisme, pensez-y ! Que voulez-vous faire aujourd'hui pour les autres ? En quoi cela leur serait utile ?

Vous dégagez une aura néfaste qui se ressent quand vous êtes tourné vers vous-même, ce besoin d'appartenance et de supériorité fait ressentir de la crainte autour de vous, apprenez à regarder le comportement de certains individus en votre présence, cela en dit long sur ce que vous êtes.

Ne donnez pas une existence au mal, il se nourrit de vos croyances, le seul moyen de le détruire est de l'ignorer, c'est une création humaine due aux épreuves que nous traversons, faute de trouver un coupable, nous nous rabattons dessus, il s'agit d'une faiblesse de l'esprit qui se matérialise.

Il n'y a pas non plus de Dieu vengeur, il est amour, et toutes les épreuves dressées sur la route ne sont que le fruit du hasard, cela dépend de comment nous abordons le problème, soit l'on devient un acteur de notre existence, soit une victime, il n'y a pas de punitions du ciel, vous vous l'infligez à vous-même par votre statisme, vos peurs et vos croyances, le bien et le mal sont en vous, et c'est vous qui alimentez l'un et l'autre par vos pensées et vos actions.

Si l'univers est un « tout», vous faites partie de ce « tout », de ce que vous voyez, ressentez, entendez et touchez, tout est relié. Dieu est en toutes choses dans l'univers, dans l'air que nous respirons, sur les montagnes que nous voyons, aux fleurs qui poussent dans les prés, il en est de même pour vous, il est l'énergie vitale. Son opposée est le mal qui détruit cette énergie vitale, et il compte sur votre contribution par la ruse en jouant sur vos émotions, il se nourrit de vos peurs, de vos colères et de tout autres sentiments malsains.

Quand vous comprenez l'importance d'appartenir à toutes choses, en faire partie comme un seul élément, alors, ayez conscience que vous possédez cette part d'un « tout », et il n'y a aucune limite, ce que vous désirez, vous l'avez déjà, car tout est lié.

Pour vous expliquer plus en détail ce qu'est le mal, c'est ce qui vient s'intercaler entre votre être et la puissance divine.

En parlant de manière imagée, cela se résume en terme d'incompatibilité, il vient s'inviter dans tout ce que vous pensez, buvez ou sentez. Si Dieu est le créateur d'un « tout », le diable se sert de son œuvre en le détournant.

Je vous encourage à lire l'œuvre de Napoléon Hill « plus malin que le diable », ce livre explique pourquoi les hommes prennent l'habitude de dériver dès leur plus jeune âge, de leur éducation, et l'interprétation de celle-ci.

Le Karma

Je ne demande pas à tout le monde d'adhérer à toutes mes croyances, mais si vous recherchez une vie meilleure, la spiritualité peut vous y aider.

Pour ceux qui croient aux lois du karma, toutes actions, bonnes ou mauvaises nous revient à nous avec la même intensité, à plus ou moins long terme.

Pour vous décrire le principe, voyez les personnes autour de vous comme votre propre reflet, si vous volez quelqu'un, cela vous arrivera à votre tour un jour ou l'autre, si vous manquez de respect, on vous manquera de respect également, mais si vous faites preuve de générosité, on sera généreux envers vous, c'est une loi universelle.

Le terme « karma » signifie en sanskrit « actions », chaque « action » entraîne une réaction, et cela a un rapport avec ce que nous faisons sur l'instant ou relatif au passé qui ressort à un moment plus ou moins inattendu de notre vie. Tout revient sur nous un jour ou l'autre sans que nous nous y attendions, ou inconsciemment, nous savions que cela allait se produire. Pour prendre un exemple, supposons que vous jouez au squash (jouer au tennis contre un mur), une seconde d'inattention, et la balle nous revient dessus en pleine figure, pour cela qu'il faut rester vigilant avec de que nous envoyons à l'univers, car il y a ce qui s'appelle « le choc de retour », ou « la onzième heure ».

Ce que l'on appelle « la onzième heure », ce sont les circonstances qui arrivent au dernier moment, quand nous n'y songeons le moins, notre attention est relâchée. La raison à ce phénomène est que notre subconscient bloque le flux des énergies positives ou négatives, et quand nous lâchons prise sur l'objet de nos pensées, tout finit par arriver, tout comme jouer au squash, si nous relâchons notre vigilance, la balle risque de nous arriver en plein dessus, et il vaudrait mieux que cela soit des actes bénéfiques.

Le karma, pour les non-initiés comporte douze lois à respecter pour entretenir une vie saine dont voici la liste :

1) La Grande Loi

« Comme vous semez, vous le récoltez. » Ceci est également connu comme étant la « loi de la cause à effet. » Tout ce qu'on émet dans l'Univers revient vers nous. Si ce que nous voulons est le bonheur, la paix, l'amour, l'amitié, alors nous devrions être heureux, paisible, affectueux et un vrai ami.

2) La Loi de la Création

La vie ne se produit pas simplement, elle a besoin de notre participation. Nous ne faisons qu'un avec l'Univers, tant à l'intérieur qu'à l'extérieur. Soyez vous-mêmes, et entourez-vous de ce que vous voulez avoir dans votre vie actuelle.

3) La Loi de l'Humilité

Ce que vous refusez d'accepter continuera de vous rattraper. Si ce que nous voyons est un ennemi, ou quelqu'un qui a un trait de caractère que nous considérons comme négatif, alors nous ne nous concentrons pas sur un niveau d'existence plus élevé.

4) La Loi de la Croissance

« Vous êtes où vous voulez aller. » Pour nous grandir d'esprit, signifie que c'est nous qui devons changer, et non pas les gens, les lieux ou les choses qui nous entourent. La seule chose que l'on nous donne dans la vie c'est nous-même, et c'est le seul facteur sur lequel nous avons le contrôle. Nous changeons la personne que nous sommes dans notre cœur, notre vie suit le mouvement et change.

5) La Loi de la Responsabilité

À chaque fois qu'il y a quelque chose de mauvais dans ma vie, il y a quelque chose de mauvais en moi. Nous sommes le miroir de ce qui nous entoure, c'est une vérité universelle. Nous devons prendre la responsabilité de ce qu'il y a dans notre vie.

6) La Loi de la Connexion

Même si quelque chose que nous faisons semble sans conséquence, il est très important que tout soit fait comme tout ce qui est relié à l'Univers. Chaque étape, même la prochaine étape, et ainsi de suite. Quelqu'un doit faire le travail initial pour faire un travail. Ni la première, ni la dernière étape n'ont une plus grande importance, car elles ont toutes les deux été nécessaires pour accomplir la tâche. Le passé, le présent et le futur sont tous reliés.

7) *La Loi de la Concentration*

Vous ne pouvez pas penser à deux choses en même temps. Lorsque nous nous concentrons sur des valeurs spirituelles, il est impossible pour nous de penser à l'avidité ou à la colère.

8) *La Loi du Don et de l'Hospitalité*

Si vous croyez que quelque chose est vrai, alors au cours de votre vie, vous serez appelé à démontrer cette vérité particulière. C'est là que nous mettons ce que nous prétendons avoir appris, dans la pratique.

9) *La Loi du Ici et Maintenant*

Regarder en arrière pour voir ce qui était nous empêche d'être totalement dans le ici et maintenant. Les vieilles pensées, les vieilles habitudes de comportement, les vieux rêves nous empêchent d'en avoir de nouveaux.

10) *La Loi du Changement*

L'histoire se répète jusqu'à ce que nous retenions les leçons dont nous avons besoin pour changer notre parcours.

11) *La Loi de la Patience et de la Récompense*

Toutes les récompenses nécessitent un travail de départ. Les récompenses durables exigent un travail de patience et persistant. La vraie joie suit en faisant ce que nous sommes supposé faire, et en attendant que la récompense vienne d'elle-même.

12) La Loi de la Valeur et de l'Inspiration

Vous récupérez quelque chose quelle que soit votre mise. La vraie valeur de quelque chose est une conséquence directe de l'énergie et de l'intention que l'on y met. Chaque contribution personnelle contribue également à l'ensemble. L'absence de contribution n'a

aucun impact sur l'ensemble et ne le font pas diminuer non plus. Les contributions généreuses donnent vie, et inspirent.

CHAPITRE 2 : QU'EST CE QUI BLOQUE AU FOND DE VOUS ?

Les limitations et les freins

Certains d'entre vous ont sans doute des freins à leurs projets : difficultés de se focaliser de se projeter, vos pensées restent bloquées.

C'est la phase d'acceptation de la fatalité, une manière de se dire « à quoi bon », « ça ne marchera jamais », « j'ai déjà essayé », En êtes-vous certain ?

Vous êtes dans une phase de pensées limitatives, un mur de fausses croyances qui a été construit par des personnes que vous avez croisées dans votre vie, en vous les inculquant.

L'acceptation de ce que nous sommes, c'est ce qu'il y a de pire, c'est le fatalisme, et lire quelques ouvrages de développement personnel ne suffiront pas à traiter ce qui est un problème de fond, bien sûr, des outils vous sont fournis, mais le vrai travail, c'est à vous de le faire.

Pour l'instant, vous pensez que vous ne risquez rien dans votre zone de confort, votre petit chez vous, votre chat, votre télévision à regarder « Joséphine, ange gardien » ou autre, le monde extérieur ne vous atteint pas, c'est un phénomène inconscient d'auto-protection, tout ne se limite qu'à la bulle formée autour de vous, vous ressemblez à un Hamster dans sa roue, à tourner en rond, métro, boulot et dodo. Votre vie, c'est ça et rien d'autre, et il faut aller au-delà, franchir des barrières qui semblent infranchissables pour avancer, et reprendre le contrôle de sa vie au lieu de se la faire contrôler.

Pour argumenter mes propos, laisser-moi vous raconter cette histoire :

Un homme trouva un jour un œuf d'aigle et le déposa dans le nid d'une poule. L'aiglon vit le jour au milieu d'une portée de poussins de basse-cour et grandit comme eux. Toute sa vie l'aigle fit ce qu'une poule de basse-cour fait normalement. Il chercha dans la terre des insectes et de la nourriture. Il caqueta de la même façon qu'une poule de basse-cour. Et lorsqu'il volait, c'était dans un nuage de plumes et sur quelques mètres à peine.

Après tout, c'est ainsi que les poules de basse-cour sont censées voler.

Les années passèrent. Et l'aigle devint très vieux. Un jour, il vit un oiseau magnifique planer dans un ciel sans nuage. S'élevant avec grâce, il profitait des courants ascendants, faisant à peine bouger ses magnifiques ailes dorées.

« Quel oiseau splendide ! » dit notre aigle à ses voisins... « Qu'est-ce que c'est ? »

« C'est un aigle, le roi des oiseaux »... caqueta sa voisine... « Mais oublie ça. Tu ne seras jamais un aigle. »

Ainsi l'aigle n'y pensa jamais plus.

Il mourut en pensant qu'il était une poule de basse-cour.

Alors, je vous pose la question, voulez-vous vous comporter comme une poule ou comme un aigle ?

Quel est votre réel potentiel dans la vie, l'avez-vous déjà exploité ?

Les seuls freins qui existent sont ceux que vous vous imposez volontairement ou non.

La peur des réactions

Nous sommes au cœur du sujet de ce qui vous ronge, l'impression que vous avez vis-à-vis des gens est qu'ils ont des œillères, et n'admettent pas forcément la vérité que vous leur imposez.

Bien sûr, nous ne pouvons deviner l'état mental de tout le monde, mais leur ressenti, leurs émotions restent les mêmes.

Vous leur semblez être des personnes discrètes dans le meilleur des cas, ou vous passez pour quelqu'un d'indifférent dans le pire. Dans les deux situations, vous n'avez pas ou peu d'interaction avec les autres.

Ce blocage vient tout simplement de vous, de comment vous voulez être perçu (dans votre imaginaire) et de comment vous vous percevez. Il s'agit de votre égo qui parle, dans toutes vos actions, quand vous faites quelque chose pour les autres, vous vous demandez comment sera interprété l'action, en bien ou en mal, d'un côté, vous cherchez inconsciemment la reconnaissance, et de l'autre, vous avez peur de la critique, les deux sont axés sur vous-même. Il faudra corriger ce comportement, essayez de faire des actes gratuits, sans penser à l'estime que l'on doit vous apporter ! Votre égo est le signe que vous voulez vous montrer supérieur, alors qu'inconsciemment, vous activez les lois de la causalité (ou karma). Chaque individu est votre propre reflet, ce que vous envoyez chez les autres vous revient en plein dessus.

Vous envisagez des scénarios négatifs, tel que l'irritabilité des personnes, une mauvaise perception de vous, ou des moqueries.

Mais la réalité est que vous restez dans l'ignorance la plus totale, car vous n'essayez pas. Vous vous dites qu'il est plus confortable de ne rien dire ou de ne rien faire, de ne pas chercher les embêtements avec les autres, et quelque part, c'est louable malgré tout.

Imaginez un trait posé sur le sol, il représente ce qui vous sépare de votre but à atteindre.

Votre réalité se résume uniquement à une ligne, l'interaction est restreinte, cette ligne s'appelle « l'ignorance », dans le sens où de l'autre côté de la ligne, vous ne savez pas comment vont réagir vos semblables, regardez bien autour de vous, c'est pareil pour chaque individu, et pourtant, certains prennent l'audace de franchir cette frontière représentée par ce trait. De l'autre côté se trouve « la connaissance », vous en savez un peu plus sur les intentions des uns et des autres.

Bien-sûr, il y a des risques, il y a des déconvenues aussi, mais à la différence des autres, car presque tout le monde est pareil (sauf ceux ayant franchi cette ligne tels les grands leaders), beaucoup sont de ceux qui ne font pas le pas en avant vers l'inconnu, et restent dans le statisme avec leurs « à-priori » sur vous et leurs semblables.

Donc, à la différence des autres qui peuvent vous critiquer, non malgré la situation où ils se situent, c'est-à-dire guère plus que vous-même, se moquer, s'irriter, vous impressionner, le pas vers la vraie vie sera franchi, tandis que d'autres stagneront, à ronger leur jalousie, plein de remords envers eux-même, en vous affublant de nombreux costumes ou sobriquets.

Dans la réalité, il ne tient qu'à vous comme à eux de réussir ou pas, et il est vain de critiquer ceux qui y arrivent, ils se sont donné les moyens. À cela, je vais vous poser une question. Est-ce qu'il vous arrive de critiquer les personnes riches et célèbres ? Devant votre téléviseur, à regarder les hommes politiques ou les stars, vous voulez être à la place de ces individus, mais vous critiquez ces individus.

Si vous devenez une future star ou un homme politique (sait-on jamais !), trouveriez-vous normal que l'on vous juge ? Ceux qui le feront, seront exactement à l'image de qui vous étiez !

N'oubliez pas que l'homme est le reflet de l'homme, mais que les deux n'auront pas le même point de vue. L'un détestera l'autre et ce dernier se demandera pourquoi il est détesté, il s'agit du « vous » présent et du « vous » futur. Respectez ce que vous voulez être !

Si vous haïssez ceux qui sont au sommet du pouvoir, comment voulez-vous y arriver si vous envoyez des ondes négatives sur ce que vous voulez devenir ? Vous envoyez un mauvais signal aux lois de l'attractivité.

Une partie du secret est là ! Aimez ce que vous voulez être, imaginez être à leur place sans juger de leurs actes actuels, vous ne savez pas si vous pourriez faire mieux tout comme vous ignorez comment seront perçues vos décisions.

Ne vous laissez pas déstabiliser, avancez et ne cessez jamais de le faire.

Si vous ne croyez pas en ce que je vous dis actuellement, sachez que j'étais comme vous, bien avant d'entreprendre cette longue transformation de mon esprit, et regardez par vous-même, avant, je ne vous connaissais pas, et maintenant je suis à la fois votre confident et ami dans le sens où j'agis comme tel, et ce qui nous différencie, cette ligne qui nous sépare, nous pousse à voir que l'un tient le livre, et l'autre l'a écrit, l'un est acteur, l'autre spectateur, vous avez la preuve que tout est possible et je vous invite à rejoindre les rangs des acteurs de votre vie.

Qu'est ce qui vous empêche d'avancer et de concrétiser vos rêves ? D'après ma propre expérience, le renoncement ou le fait d'avancer sans but précis sont limités par la peur et le manque, il en existe différentes sortes :

— *la peur de l'échec :* C'est un des freins qui vous empêche d'avancer, vous y croyez à votre projet et vous avez envie de réussir, c'est louable. Cependant vous abandonnez à cause de vos « dons prémonitoires », vous devinez à l'avance que vous allez échouer, donc, vous ne tentez rien, ce qui est fort dommage. C'est refuser d'y faire face ou d'être sûr que vous voulez avoir raison, que vous voulez protéger vos idées, vous vous dites « comment y arriver sans que j'échoue ? ». Il faut accepter les échecs comme des opportunités d'avancer, ne pas garder ses idées figées dans le temps avec des questions, de savoir le pourquoi du comment, si vous vous plantez, recommencez ! Aucune victoire n'est possible sans déconvenue, apprenez de vos échecs !

Il y a plusieurs années de cela, mon frère et moi étions invités chez un de ses amis pour prendre le café et discuter de choses et d'autres, nous étions dans son appartement, et tout à coup, il se mit à prendre un jeu d'échecs sur une étagère pour le poser devant nous sur la table.

Nous étions surpris de son attitude, et tout en disposant les pièces sur l'échiquier, il nous demande si nous avions déjà joué. Très peu disposé à montrer notre ignorance, nous avions répondu qu'il nous était arrivé de jouer à ce jeu mais qu'il y avait très longtemps.

Alors, il nous explique les règles, ensuite, il nous demande de commencer la partie. Étant un peu gênés de notre méconnaissance, nous passons notre tour, et il déplace sa première pièce.

Ce qu'il a dit ensuite nous a poussé à réfléchir, voici ses propres termes :

« Les échecs, c'est la vie ! »

D'après vous, que voulait-il dire par là ? En réalité, vous n'avancez pas dans la vie, que vous connaissiez les règles ou non, parce que vous êtes « bloqués » et que vous ne tentez rien de peur d'échouer (d'où le nom « échecs » tout simplement). Donc, vous passez votre tour, et votre adversaire prend le risque à votre place, mais il avance.

Vous êtes tellement absorbés par vos envies de victoires, que tout ce que vous entreprenez va réussir, avec un « mais si cela échoue ? », vous n'en savez rien finalement, la question reste en suspens dans le temps.

Si je vous disais que pour réussir, il faut d'abord échouer ? Vous trouveriez cela absurde, et pourtant, ceux qui ont réussi ont tous connu au moins un premier échec, rien en ma connaissance ne se fait du premier coup, les échecs doivent vous servir de base d'apprentissage, plus vous échouez, et plus vous apprenez, et plus vous devenez forts et entraînés.

Notez ceci sur une pierre blanche, sur votre bureau, suspendu à un mur, en grand « réussir, c'est d'abord échouer ! »

Si vous voulez réellement avancer, allez jusqu'au bout de votre projet, quitte à vous planter, l'échec est à vivre avec un grand enseignement pour savoir ce qui ne va pas, puis recommencez !

Thomas Edison, quand il a inventé l'ampoule électrique a réussi au bout de la 10000e tentative pour l'allumer, et comme il le disait lui-même, il n'a pas échoué mais trouvé 9999 manières pour ne pas la faire fonctionner.

— *la peur du jugement :* Bien-sûr, vous ne plairez pas à tout le monde dans vos idées, quoi que vous fassiez, on vous jugera en bien comme en mal, c'est le propre de l'homme.

Un jour, un enfant pose une question à son père :

— « *Dis papa, quel est le secret pour être heureux ?* »

Ne sachant que répondre à cette interrogation, le père proposa à son fils de le suivre. Ils sortirent de la maison, le père sur le vieil âne et le fils suivant à pied. Les gens du village accusaient :

— « *Son père est un père indigne ! Il monte son âne quand son fils le suit à pied !* »

— « *Tu as entendu mon fils ? Rentrons à la maison* » *dit le père.*

Le lendemain ils sortirent de nouveau, mais cette fois le père installa son fils sur l'âne et l'accompagna en tenant la bride. Les voisins disaient alors :

— « *En voilà un fils indigne : il ne respecte pas encore son vieux père et le laisse aller à pied !* »

— « *Tu as entendu mon fils ? Rentrons à la maison* » *dit le père.*

Le jour suivant ils s'installèrent tous les deux sur l'âne puis quittèrent la maison. Les villageois critiquèrent à nouveau le père et le fils :

— « *Ils ne respectent pas leur bête à la surcharger ainsi !* »

— « *Tu as entendu mon fils ? Rentrons à la maison.* »

Le jour suivant, ils partirent en portant eux-mêmes leurs affaires, l'âne trottinant derrière eux. Cette fois les gens du village y trouvèrent encore à redire :

— « *Voilà qu'ils portent eux-mêmes leurs bagages maintenant ! C'est le monde à l'envers !* »

— « *Tu as entendu mon fils ? Rentrons à la maison.* »

Arrivés à la maison, le père disait à son fils :

— « *Tu me demandais l'autre jour le secret du bonheur. Peu importe ce que tu fais, il y aura toujours quelqu'un pour y trouver à redire.* »

FAIS CE QUE TU AIMES ET TU SERAS HEUREUX !!

— *La peur de la procédure :* C'est de se demander si l'on s'y prend bien ou mal, si nous n'avons rien omis, quelles démarches effectuer et à quel coût, à qui faire confiance, est ce que nous serons payés, et si on se plante, est-ce qu'il y aura des problèmes ?

— *Le manque de moyens* : vous vous dites « à quoi bon payer des études hyper-chères alors que cela n'aboutira sans doute pas ? », Se lancer dans une entreprise, peu importe laquelle, a toujours un prix à payer, cela se découvre avec le temps, il vous faut investir sur du matériel et avoir un capital suffisant afin d'éviter les désagréments d'un compte bloqué ou d'une lettre de la Banque de France. Bien sûr, il faudra économiser (c'est plus que certain), on ne démarre pas dans une entreprise sans moyen de palier aux difficultés, et il y en aura. Êtes-vous plutôt cigale ou fourmi ? La tendance nous pousse à dépenser de l'argent bien au-dessus de nos moyens pour se faire plaisir, ce n'est pas vraiment un mal, mais il faut connaître ses priorités et savoir ce qui nous servira à l'avenir, faire de bons investissements.

Le manque de diplômes : Vous avez envie de vous lancer et vous estimez que vous n'avez ni les diplômes, ni les connaissances requises pour y arriver. Désolé de vous dire que c'est une fausse excuse. Peut-être que ceci était véridique il y a quelques dizaines d'années de cela, bien avant l'avènement d'internet, mais même sans ça, il y a des bibliothèques, des cours pour adultes, des centres d'orientation, et actuellement, il est possible de demander des conseils et de faire des démarches en ligne. À savoir aussi, pour ceux qui connaissent le chanteur Renaud, il a débuté sa carrière sans aucun diplôme en poche, regardez maintenant où il en est, il fait partie de cette catégorie d'individus autodidactes (qui ont réussi par eux même hors circuit scolaire).

— *Le manque de persévérance :* C'est votre côté velléitaire de votre personnalité qui ressort, c'est manière irraisonnée de se diriger toujours où le vent souffle, de laisser tomber quand vous sentez que cela va mal se passer (enfin, ce que vous prétendez). Rien n'est facile dans la vie, si vous voulez le succès, il faudra aller le chercher. Ne baissez jamais les bras sous prétexte que vous ne semblez pas assez cultivés, peu informés, que vous ayez peur du jugement ou de l'échec tout simplement.

— *Le manque de* concentration : Difficile pour vous d'être au calme, vous êtes toujours interrompu pour une raison ou une autre, ou vous mettez trop de côté vos projets pour trouver d'autres distractions, vous éloignant un peu plus du but initial.

Les excès

Ils peuvent vous freiner dans l'aboutissement de vos rêves, il y a notamment l'excès d'assurance, il est source de nombreuses erreurs quand il est mal utilisé. Ne faites jamais confiance à votre assurance routinière, c'est souvent le piège, par exemple, être sûr de fermer sa porte en partant, nous le faisons sans même y penser, c'est justement le souci, nous n'y pensons pas !

Si vous connaissez des pilotes de ligne ou de loisirs, il faut savoir que pour poser leur avion, ils doivent suivre une procédure et faire attention à ne rien oublier, dans un vol commercial, le pilote écoute les consignes du copilote qui lit une liste de manœuvres à faire : « volets ? OK », « train d'atterrissage ? OK ». Un pilote d'avion de tourisme doit faire les manœuvres seul, s'il oublie le train d'atterrissage, sans doute distrait par le paysage ou trop sûr de lui, attention les dégâts.

L'excès d'égo et d'estime de soi : Quand l'assurance est trop forte et que vous avez l'intime conviction d'avoir raison alors que vous êtes constamment dans l'erreur (nature humaine !

Quand tu nous tiens !), c'est le tempérament du « têtu compulsif »

Manque de moyens à cause des excès

Il y a des excès liés à la vie de tous les jours, non dissociable du manque en tout genre, comme l'envie d'avoir un nouveau PC, un nouveau canapé, être à la mode la « fashion touch » pour vous faire plaisir, mais que vous n'avez, après l'achat de bien divers, plus d'argent pour assurer vos cours, c'est aussi une fausse excuse. Rappelez-vous la fable de la cigale et de la fourmi « la cigale ayant chanté tout l'été se trouva fort dépourvu lorsque l'hiver fut venu » (l'hiver, c'est celle de votre vie, la dernière saison)

Le manque d'informations dû à un excès de paresse : ou plus clairement, la flemme d'ouvrir un livre ou de se renseigner, il faut des fois faire preuve de violence envers soi-même, une petite voix intérieure doit vous dire « lève-toi ! c'est l'heure ! ». auto-disciplinez vous !

Le passé

Il sème les graines du doute, des interdits et de la peur qui ont grandi en vous. Les déceptions, les refus, les mauvais coups de la vie ont posé les freins de votre existence.

Malgré les apparences, que vous ayez le sentiment que votre vie est un échec depuis le début, votre passé fait partie de vous, quand nous l'utilisons bien, il nous permet de faire les bons choix, les erreurs cumulées doivent nous faire prendre conscience que nous n'avons pas pris les bonnes décisions et qu'il faut recommencer. C'est ce qui vous donne votre identité, il fait partie de vous, ne coupez pas brutalement le cordon ombilical entre ce qu'il y a eu dans votre existence et l'instant présent.

Il faut adopter une nouvelle manière de penser, une autre philosophie de la vie, et apprendre à être reconnaissant pour toutes les épreuves qui vous rendent plus forts. Servez-vous en ! Tirez les leçons et aujourd'hui est l'occasion de repartir sur de nouvelles bases, d'améliorer son quotidien et ses rapports avec les autres.

Ne laissez pas votre passé vous dominer, et dominez votre passé !

Où se trouve « la limite »

Nous découvrons cette limite quand notre état émotionnel change, passant par la peur, l'enthousiasme ou le doute, par exemple, si vous avez pour projet de faire un saut à l'élastique, c'est quand vous êtes au-dessus du vide, prêt à vous élancer que vous découvrez « la limite » de votre subconscient, elle met tout vos sens en alerte, elle met une barrière en face de vous et vous empêche de basculer vers l'avant, mais une fois élancé dans le vide, quelque chose de puissant se déclenche en vous qui vous coupe le souffle, c'est « la petite mort », notre existence devient superflue, le cap est franchi. Nombreux des « expérienceurs » (ceux qui ont fait l'expérience de mort imminente), ne parlent pas de « retour à la vie », mais de « renaissance », ils ont découvert « l'au-delà » de la vie. Ils ont été totalement transformés.

Le doute

Il arrive des moments de notre vie où l'on se sent plus vulnérable, il est nécessaire de se reprendre en main, de passer au-dessus des difficultés, cela demande un mental d'acier, si cela vous arrive, demandez-vous pourquoi vous vous êtes donné tant de mal pour abandonner tout de suite, cela ne vaut pas la peine de renoncer, il faut aller jusqu'au bout de ses projets, peu importe l'issue finale, il faut continuer et recommencer autant de fois qu'il le faut, ne lâchez pas vos rêves à cause de vos doutes.

L'humain est un être fascinant de complexité, ayant des pensées paradoxales par moment, il ne pense pas toujours de façon linéaire, c'est un esprit déviant et errant par nature. Dans le relationnel avec les membres de son entourage, il cherche au début les qualités que d'autres n'ont pas, et puis au bout de quelque temps, ils trouvent les défauts que d'autres ont.

Si vous preniez le temps de vous poser et de réfléchir sur vous-même, de respirer un bon coup et de regarder autour de vous en cet instant, vous remarqueriez qu'il n'y a rien de dramatique. Si vous songez à la vie, elle suit tout simplement son cours et il peut y avoir de bonnes comme de mauvaises choses, il suffit d'en être conscient.

À l'apogée d'une création personnelle, au moment où vous y êtes presque, il se crée le germe du doute, c'est comme déclarer sa flamme à quelqu'un, quand on arrive au seuil de sa porte, on sent que l'on se dégonfle, les jambes flageolent, les pensées sont confuses, des murs se dressent contre vous et vous ne semblez plus avancer. Le plus simple serait de contourner le problème, attendre un peu pour se mettre en meilleure condition pour avancer, mais quand ?

Le doute restera cette douce inconnue, vous ne ferez rien pour connaître son vrai visage, il n'y a ni joie, ni déception, vous êtes enfermés dans votre petit confort de l'ignorance, car dans le fond, si vous ne franchissez pas le pas, vous ne saurez jamais. Les obstacles sont dans votre tête, il suffit des fois d'y aller tête baissée, quitte à se prendre des claques, mais la vie, c'est ça. Et plus nous avançons, plus nous encaissons les coups, et plus nous devenons forts.

Pour mettre en pratique mes dires, vous allez vous lancer des minis défis, en commençant progressivement, en partant de choses à votre porté, à celles qui le sont moins, le but est d'y aller par palier.

L'imagination

Selon comment vous avez vécu, vous avez cumulé bon nombre d'informations dans votre vie, à la fois en termes de milieu social et d'apprentissage, l'imagination se dessine.

Si vous disposez de peu d'outils, vous improvisez avec ce que vous avez. Il y a des codes socio-culturels dont vous n'avez pas ou peu de connaissances. Votre esprit ne peut vous donner que certaines réponses, mais ne les connaît pas toutes, il faut que vous ayez l'initiative de lui donner de la « matière ».

Vous devez être curieux de tout, lire des livres, regarder des documentaires, aller à des expositions de peinture, discuter avec des artistes, nourrissez votre esprit, il fera le tri, et durant votre sommeil, vous repenserez à vos journées, tout ce que vous aurez appris et que vous apprenez encore sont comme les pièces d'un puzzle qui se rassembleront pour donner une forme à un projet. Soyez avides de curiosité, même si vous n'aimez pas aller dans certains endroits, allez y quand même, il y aura probablement les éléments manquants pour la concrétisation de vos projets.

Les impressions de déjà-vu

Il nous est arrivé de penser souvent à des endroits dont on ignore l'existence, ni décrire où cela se trouve, de se déplacer dans des endroits qui provoque un déclic, en ayant l'impression d'être déjà passé par là.

Scientifiquement, ces impressions de déjà-vu sont déclenchées par des stimulus électriques dans notre cerveau, le corps humain dispose d'une faible charge en énergie pour qu'il fonctionne, mais qu'est ce qui provoque ces stimulus ?

Chacun peut y aller de ses croyances, dont certaines sembles excentriques, pour les partisans de la croyance de monde parallèles, il semblerait que nous passions au même endroit que notre « autre nous », que ce soit sur l'instant, ou dans le passé. Pour d'autres, il s'agit d'un point de jonction de notre destinée, c'est ici précisément que nous devrions être, même si je n'adhère pas tellement à ces théories, cela pose quand même réflexion.

La destinée

Personne n'est réellement condamné à la fatalité. Personne ne met de bâtons dans les roues, le destin n'est jamais inscrit dans la pierre, sauf dans son imagination, nous pouvons le contrôler, sa seule façon de subsister réside dans notre état d'esprit, ce sont nos pensées qui nous font prendre un chemin plutôt qu'un autre, avec la complicité de fausses croyances ancrées dans votre subconscient, ce même qui a modelé votre façon de réagir à des situations.

Loin de là j'affirmerai que nous sommes responsables de notre destiné, mais c'est le fait d'un cumul de pensées erronées dans notre jeunesse, si vous comprenez bien, tout est lié à comment nous avons été éduqués et à comment nous avons vécu par la suite.

Le passé a façonné notre présent, qui nous fait prendre des choix qui pourraient s'avérer catastrophiques ou non, aussi, ne rien faire est aussi un choix, pensez-y !

Nous sommes tous identiques sur un point, ayant reçu une éducation, parentale, scolaire, relationnelle, ou professionnelle.

Ce que certaines situations nous ont apporté, de rencontrer des personnes ou des situations qui orientent nos choix selon nos convictions acquises et nos émotions du moment, passant du stade de la colère à l'enthousiasme, nous pouvons croire aux heureux hasards, à la providence qu'il faut saisir tout comme aux tuiles et le mauvais augure qu'il faut éviter, mais comment différencier les deux si notre interprétation de ces concepts est faussée ?

Tout est une question de choix selon notre état d'esprit du moment présent, ceux que nous faisions déterminent notre présent, puis de fil en aiguille, dessine ou caricature notre futur.

Vous n'avez jamais été réellement maître de votre destin à cause de ce que vous avez appris depuis le début de votre existence.

La fin de vie

Pour vous, il est encore temps d'agir, ou de rester dans la peur du devenir qui se réalisera si vous ne faites rien pour y remédier, quand nous arrivons proches de la retraite et en se retournant sur le chemin parcouru, nous estimons avoir eu une belle vie pour la plupart, mais pour d'autres, ils passent leur fin d'existence à se lamenter en faisant des rétroactions mentales, ceux-là vivent dans une immense tristesse, dans les trois quarts des cas seuls dans un appartement ou une maison de retraite où il n'y a pas âme qui vive. Leur dernière vision n'est pas celle de leur(s) enfant(s) ayant réussi, mais de l'infirmière ou du médecin venu l'accompagner, serrant la main d'un ou d'un(e) illustre inconnu(e).

Si vous n'avez rien prévu pour cela, faîtes le ! Il existe des assurances décès auxquelles j'ai souscrit très tôt, il n'est pas question d'âge, nous pouvons mourir très jeunes (maladie incurable ou accident). Le plus dur quand nous arrivons au terme de notre existence, une question reste quand même en suspens, que laisserons-nous derrière nous? Des problèmes ? Des dettes ? Qui se souviendra de nous ?

Il faut agir ici et maintenant, et non demain, ou dans un mois, l'action de votre existence se déroule tout de suite ! Les années passent et la faucheuse n'attendra pas que vous vous décidiez. Pour ne plus à avoir à regretter, faites-le ! Réussissez ou plantez-vous, mais bougez-vous !

L'acceptation de soi

Que ce soit votre passé, votre milieu social, votre éducation ou votre environnement, il s'agit de votre vie, apprenez à vous aimer tel que vous êtes sans vous créer un autre personnage. Ce sont vos fondations et c'est à partir de là qu'il faut se construire, et sans base, rien ne tient debout. Reconsidérez votre vie sous un meilleur jour, trouvez les forces dans les faiblesses, et vous aurez plus tard le plaisir de contempler votre passé en étant fier du chemin parcouru. Aimez-vous et appréciez ce que vous avez.

La passivité et les émotions

La passivité désigne une personne en absence de toutes émotions, et sans elles, il n'y a pas de passion, et sans la passion, il n'y a pas l'inspiration.

Peut-être vous êtes-vous résignés à vivre votre quotidien sans saveur, assis sur votre canapé et à regarder des séries télé qui vous embrument le cerveau. Cela se résume à métro, boulot, dodo, et rien de plus. La résignation en est la cause, vous êtes tellement abattu que vous semblez avoir du mal à vous relever.

Sortez un peu, voyez le monde extérieur, regardez comme c'est magnifique, respirez et ressentez chaque chose qui vous entoure ! Ne restez pas enfermé dans votre cercle vicieux, faites quelque chose de nouveau ! Décrivez-moi ce que vous ressentez en utilisant vos cinq sens.

En ce moment, je suis sur ma terrasse en train d'écrire ces lignes, il y a un magnifique ciel bleu, nous sommes au mois de mai 2018, il y a peu de bruit dehors, des voitures circulent, il y a une tasse de café posé sur la table, je suis plutôt détendu, serein, pour le moment, je me contente d'ébaucher mes écrits, de trouver des idées en me remémorant des instants vécus dernièrement, une dispute, un moment de réconciliation, des paroles dites, même les événements négatifs m'inspirent, elles font ma force, et avec un léger sourire, même mon chat m'inspire. Quand nous cherchons bien, l'inspiration est partout dans la vie de tous les jours, dans les bons et les mauvais moments.

En parlant de « chat », cela m'inspire davantage, dans ma jeunesse, j'ai lu un livre d'Ernest Hemingway, vous me diriez « quel est le rapport ? »

Ernest Hemingway était ce que nous pourrions appeler un « ailurophile » (ceux qui aiment les chats) comme beaucoup d'auteurs, notamment Colette l'était aussi. Il en comptait plus d'une centaine chez lui dans sa maison à Key West en Floride, actuellement, c'est un musée ou résident à titre permanent de nombreux chats issus de la lignée de ceux de l'auteur, il aimait aussi aller à la pêche, c'était une autre de ses passions.

De ses passions sont nées l'inspiration, il bougeait, voyageait, rencontrait des gens, s'il ne restait que chez lui, son inspiration serait encore là, mais serait terne.

Quand j'étais adolescent, c'était en classe de cinquième, nous avons, les autres élèves et moi, étudié un livre de cet auteur intitulé « le vieil homme et la mer », quand nous sommes jeunes, nous pensons généralement à autre chose qu'à la lecture, plutôt entrain à s'amuser et moins en cadrage avec l'environnement du livre, très peu inspirés je dois dire.

Qui aurait cru qu'un jour, et actuellement, je lirais une cinquantaine de pages par jour, soit environs un livre par semaine ? Faites le calcul en une année !

Ce qui me manquait, c'est « la fibre », l'envie de lire, je voyais ceci comme quelque chose de barbant, mais finalement, j'apprécie chaque histoire, j'y consacre une à deux heures par jour, ce n'est rien sur 24h.

La lecture, au-delà de m'enseigner des choses m'a aussi permis de m'évader de mon quotidien. Elle m'a fait ressentir des émotions desquelles sont nées la passion, et la passion, c'est l'inspiration.

Qu'est-ce qui vous a donné les plus grandes émotions dans votre vie ? Tomber amoureux ? Aller dans un parc d'attraction et monter dans des montagnes russes ? Ou autre chose ?

J'ai déjà connu de très grandes émotions d'amour, de peur et de force, nous trouvons les émotions partout, et une de celles qui m'en fournit le plus est l'océan, la tempête et la mer agitée,

Je me souviens du sentiment ressenti en allant au lac Léman du côté de Thonon en Haute-Savoie, c'était en octobre 2003, bien que j'y suis allé

plusieurs fois, c'est à ce moment précis que j'ai ressenti une foule d'émotions.

Il n'y avait pas grand monde ce jour-là, juste quelques badauds, cela contrastait bien avec la ville animée que je connaissais en été avec ses terrasses de café remplies de monde, des touristes étrangers venant des quatre coins du globe, d'Allemagne, d'Italie ou d'Angleterre, je m'amusais quelquefois à deviner les nationalités des touristes en les écoutant parler, s'ils ne parlaient pas, ils étaient haut-savoyards (je plaisante bien-sûr). Sur les quais, il y avait des vendeurs de bijoux fantaisie, de glaces et pâtisseries estivales, nous trouvons même des jouets pour enfants, notamment des pistolets à eau.

Mais la vie qu'inspire Thonon en été se transforme en un sentiment de mort, un vide s'installait en moi. Pour en revenir à la période dont je parlais, c'est-à-dire le mois d'octobre 2003, je ne saurais expliquer pourquoi j'ai ressenti une vive émotion en voyant l'agitation de l'eau et le vent qui soufflait fort en ma direction, qui me faisait prendre des bouffées d'air à en couper le souffle. En regardant au loin, à l'horizon, j'éprouvais un vide, mes pensées se perdaient au loin, je me suis senti petit face aux éléments, devant l'immensité du lac, cela inspira la peur et quelque chose d'insurmontable, et j'avais envie de défier la tempête. Sur les quais, il y avait des voiliers, le bruit sourd du vent sur les mâts qui s'agitaient et le claquement des mousquetons qui s'entrechoquaient.

Le département où je vis est une grande source d'inspiration, il y en a pour tous les genres, pour ceux qui aiment faire du parapente, de l'aile delta, de la montgolfière, de la natation, ou tout simplement se balader en forêt.

Le piège de la colère

Qui est l'un des sept péchés capitaux, il est facile d'y succomber quand quelqu'un nous irrite vraiment, à cause de notre égo et de notre fierté.

Quand un individu vient vers vous énervé, laissez-le faire et contrôlez vos émotions, bien-sûr, vous seriez tentés de « le calmer », de montrer vos muscles en vous sentant offensés, vous voulez le tenir à respect, mais qu'en serait-il-il finalement à part être considéré comme quelqu'un d'impulsif ou de violent ? Cela ne ferait qu'empirer la situation, deux forces négatives en conflit, cela créé des étincelles et vous risqueriez d'absorber une partie de son énergie négative.

La solution ? Rester calme et entretenir son énergie positive, parlez posément afin de faire redescendre les tensions, ne vous dérobez pas, faites-lui face et montrez que vous n'avez pas peur de lui, parlez calmement, l'objet de la discorde trouvera une issue favorable. Si vous l'écoutez, mettez-vous du côté de son point de vue. Bien sûr, rien ne vous empêche de vous défendre le cas échéant, mais s'il n'est pas nécessaire de se battre, ne le faites pas !

Les habitudes et les lubies

Depuis que nous sommes tout jeunes, nous entretenons certaines habitudes, bonnes ou mauvaises, là n'est pas la question, qui vous ont conduit là où vous en êtes.

Il est, de mon point de vue, difficile pour ne pas dire impossible de se lancer dans un projet avec un grand pignon contenant de la colère, des doutes, de l'amertume, et de la peur, et un petit pignon contenant de la sagesse, de la patience, de la foi et de l'enthousiasme. Votre positivité en aura vite fait le tour, à moins de changer ses habitudes de vie.

Ce que nous appelons Lubies, ce sont des répétitions velléitaires, c'est-à-dire, de se lancer dans des projets sur des coups de tête puis d'abandonner au bout de quelque temps. S'en débarrasser doit passer par une ferme auto-discipline, si nous passons notre vie à toujours changer d'avis, nous n'avons rien au bout, il faut se conformer à des objectifs clairs. Si cela semble trop compliqué pour vous, demandez-vous pourquoi est-ce si difficile et comment puis-je atteindre cet objectif, la réponse est simple, en vous changeant vous-même, à la fois dans vos habitudes et vos façons de penser.

Si vous entamez des projets tout en ayant conscience qu'il y a des contraintes, c'est comme si vous vouliez accélérer tout en appuyant sur le frein.

Les fameux « oui mais » et les « si »

Si mon projet n'aboutit pas ?
Si je ne suis pas pris au sérieux ?
Oui mais il me faut de l'argent !

Oui mais si les clients ne sont pas intéressés par mon projet ?
Oui mais comment faire dans un marché déjà existant ?

Après coup, avec ce type de pensées, vous n'arriverez nulle part, car elle est empreinte du découragement, vous faites une très mauvaise estimation de vous-même et de vos réelles capacités. Dites-vous bien que si des personnes y sont arrivées, vous en êtes capables, vous devez chasser le « démon de la démotivation » qui est en vous !

Vous êtes prisonniers de vos propres pensées, consciemment ou non, vous faites une boucle sans fin et cela quelles de soient les circonstances. Regardez où vous en êtes, est ce que vos décisions vous ont fait avancer vers le succès ? Si vous me lisez, j'en doute (à moins que ce soit une simple curiosité de lecteur et qu'il a trouvé mon livre par pur hasard).

Vous faites tout le temps le même schéma, les conditions et l'environnement sont différents, mais le reste est identique. Quand vous prenez une décision face à un problème, vous la mettez en action, ce qui provoque une réaction, si elle est positive au début, elle devient négative par la suite, vous ramenant au même point, et avec un autre problème. Votre quotidien se résume à cela, vous recommencez des cycles, même en redressant la situation, rien n'aboutira, car vous avez votre système de pensée, votre idole d'or, vos croyances erronées.

Comment forcer les mécanismes psychologiques ? En changeant nos habitudes.

Une des raisons pour lesquelles le pouvoir de l'attraction n'agit pas sur vous, c'est que sans doute, vous vous attendez à ce que cela fonctionne, il y a dedans, une part d'excès d'assurance.

C'est comme s'improviser électriciens alors que nous sommes plombiers. Si nos connaissances nous permettent de changer une simple ampoule, pour une prise électrique, vous pouvez le faire aussi, il n'y a que deux fils, mais peu de gens savent les nommer, certains disent « c'est facile, il y a le + et le - », mais lequel est le + et lequel est le - ? La couleur rouge correspond à quoi ? Quelle est sa fonction ?

En 1993, je suis entré en apprentissage au CECAM de Saint Jeoire en Haute-Savoie, où j'ai pu apprendre quatre corps de métiers dont l'électricité, et j'ai appris à nommer les fils électriques, le rouge désignant « la phase » (le +) et le bleu s'appelant « la neutre » (le -), et que selon le type de courant alternatif ou continu, dans une maison par exemple, nous pouvions alterner, mais pas sur une batterie de voiture.

Il y a des catégories d'individus qui disent « je sais ! j'ai vu faire ! », mais qui sont incapables de reproduire ce qu'ils ont vu avec exactitude.

Pour monter un moteur, il faut savoir nommer les pièces, connaître leurs fonctions, et non le monter en mode « j'ai vu faire », c'est pourtant que résonnent la majorité des individus qui se lance dans des projets, mais qui « se cassent la figure » dès le début.

L'excès d'assurance dans la vie quotidienne est un piège dans lequel nous pouvons tous tomber, être trop sûr de quelque chose ne veut pas forcément dire que cela va fonctionner.

Étudiez bien votre plan de vie, agissez au moment présent sans se soucier du futur, car il se construit en chaque acte que nous faisons.

Règles d'or

- Préparez le terrain dans votre subconscient, ne vous engagez pas sans changer votre état d'esprit. Et lâchez prise quand vous vous sentez prêts

- Ne changez pas brutalement votre comportement, faites-le petit à petit pour laisser le temps à votre entourage de l'assimiler, le contraire choquerait ou surprendrait.

- Ne vous projetez pas trop dans votre but à atteindre avec un sentiment de victoire, c'est le piège, vous risqueriez de dépenser énormément d'énergie pour être déçus au final.

- Contentez-vous de « faire » (just do it !), prenez des notes, faîtes des schémas et un plan de vie (ou de vue), créez-vous des algorithmes (suites logiques de choses à faire quotidiennement).

- Agissez dans vos pensées comme si l'objet de vos désirs était déjà acquis.

CHAPITRE 3 : VOTRE ENVIRONNEMENT INTERNE ET EXTERNE

Il existe deux types d'environnement, le premier se situe en vous, c'est votre essence, vos pensées, votre perception du monde, et le second se trouve autour de vous, ce que pensent ou disent les autres, votre famille, vos amis, les fréquentations, le milieu social, si vous êtes à la ville ou à la campagne.

Votre champ vibratoire

Il regroupe deux formes d'énergie, une positive et l'autre négative, les deux sont enfermés dans une bulle, et vibre en harmonie avec le monde extérieur, nous pouvons aussi l'attribuer à une certaine expression, « être dans sa bulle » ce qui signifie être dans son monde, elle renferme vos rêves, votre imagination, vos peurs, vos doutes et tous autres sentiments. Lorsque vous gardez tout pour vous, à l'intérieur de ce champ vibratoire, rien ne se passe à l'extérieur, vis-à-vis de ceux que vous pouvez rencontrer.

Vivre en osmose avec ses rêves vous apportant le bien être intérieur, ne suffit pas et ne changera rien à votre condition s'il n'y a pas d'interaction avec le monde extérieur à votre bulle, personne ne connaîtra ce qu'il se passe à l'intérieur de vous-même si vous ne les laissez pas rentrer dans votre jardin secret.

Vous vous êtes bâti une forteresse de peurs et de doutes autour de ce champ vibratoire, tous sentiments positifs y est enfermé à l'intérieur, pour cela que l'on doit dire de vous que vous êtes une personne fermée, cela se fait ressentir chez les autres malheureusement.

Faites aussi très attention à ce que vous faites sortir de votre champ vibratoire, les deux énergies positives et négatives peuvent s'imbriquer.

Il faut s'intéresser aux autres, non pas parce que je vous le dis dans le présent ouvrage, mais parce que vous faites partie d'un « tout », c'est-à-dire en intercommunication des énergies qui circulent au travers des autres et de vous-même. Il faut s'intéresser aux autres de manière désintéressée de soi-même, oubliez vos attentes personnelles, chassez ceci de votre esprit, vous envoyez des ondes d'impatience que vous enverrez chez votre interlocuteur.

*« **Il vaut mieux vivre ses rêves que de rêver sa**
vie »*
(François Garagnon)

Il faut extérioriser vos rêves, quitte à vous
planter, mais laissez-les s'exprimer, ne gardez
pas tout pour vous aux oubliettes des regrets.

*Un célèbre chanteur belge du nom de Jacques
Brel parlait dans un de ses entrevus vidéo de la
procrastination, c'était au milieu des années
1970, dans cet entretien il racontait l'histoire
d'un individu qui voulait écrire un livre, mais
avant cela, il devait vendre des cornichons,
ensuite il se mettra à écrire. Deux ans plus tard,
il rencontre cette même personne, celui-ci disait
« j'ai fini de vendre mes cornichons, maintenant,
je vends des bretelles, mais après cela, j'écris un
livre ». Jacques Brel se moquait de cette
situation sur cette vidéo, car nous sommes tous
un peu comme ça, le fait de toujours reporter au
lendemain, puis au surlendemain. Sa conclusion
est la suivante, « bretelles ou cornichons, si nous
avons des rêves, autant se lancer quitte à se
planter ! »*

Si le chemin de la réussite devait se résumer en plusieurs étapes, elles seraient les suivantes :

Essayer, peu importe l'issue, l'important n'est pas de réussir du premier coup, sinon, la déception est grande, il n'y a pas de projection dans le futur, juste l'instant présent, ce que vous faites maintenant déterminera votre futur, l'essentiel est de « faire », « Just do it !» Comme dirait une célèbre marque de chaussures, alors ne cherchez pas à réussir à tout prix du premier coup, faites-le ! Tout simplement !

Échouer, tirer leçons de ses erreurs et non les vivre comme une fatalité, quand vous croyez à vos rêves, tout est possible. Si vous êtes les seuls à y croire, faites mentir les statistiques qui vous nommaient perdants.

Se relever, même si vous semblez pris dans des sables mouvants, continuez d'avancer, la terre promise n'est pas loin, peut-être à quelques mètres de vous. Trébuchez et recommencez, tirez profits de vos erreurs au passage.

Gardez l'œil bien ouvert sur l'horizon, vous avez un objectif à atteindre et vous y arriverez si vous ne vous arrêtez pas en cours de route. Il s'agit de votre but et non celui des autres, ne laissez personne vous dévier de votre chemin.

Se comprendre soi-même

Qui êtes-vous vraiment ? Je vous parle en termes de comportement par rapport à la vie, êtes-vous du genre critiques, respectueux, économes, dépensiers, vous vous plaignez tout le temps, vous prenez la vie avec philosophie, à chaque petit moment de la journée, vous vous dites que tout ira mieux après la tempête ?

Auto-analysez vous en un premier temps, vous trouverez certaines réponses à vos problèmes.

Vous vous demandez pourquoi vous n'arrivez pas à boucler vos fins de mois, est-ce de la faute à ce que vous ne gagnez pas assez ou est-ce que vous êtes dépensiers sans vous en rendre compte ?

Si vous êtes mal à l'aise dans votre travail, est-ce de la faute de vos collègues, ou est-ce vous qui provoquez le fait que l'on vous juge ? Autant défoncer des portes ouvertes.

Dans tout ce que je viens d'énumérer, j'en viens à un point central, et si le vrai problème, c'était vous ?

Si vous voulez comprendre votre mal être, il faut en débusquer les symptômes !

Dans l'autre sens, bien sûr qu'il y a des gens qui vous jugeront, mais vous ne devez pas donner tant d'importance à ce qu'ils disent, vous seuls donnez de la valeur à qui vous êtes !

Pour ma part, et dites-le en vous-même VOUS AVEZ DE LA VALEUR, imaginez que je sois en face de vous en train de prononcer ceci et de vous encourager, VOUS ÊTES CAPABLES ET BIEN PLUS QUE VOUS LE CROYEZ et vous pouvez dès à présent devenir une meilleure version de vous-même. Apprenez à vous accepter tels que vous êtes, aimez-vous d'abord !

Si vous faites le travail sur vous-même, vous serez surpris de tous les changements qui peuvent s'opérer dans votre vie.

AYEZ CONFIANCE EN VOUS !

Dans le chapitre précédent, j'ai évoqué avec vous le thème des cycliques, ce qui n'a rien d'anodin, il s'agit de vous faire prendre conscience de ce qui vous pousse inexorablement vers les échecs.

Que vous le vouliez ou non, vous êtes entraînés dans une spirale infernale, quelles que soient vos actions, les conséquences seront les mêmes, le temps de révolution du petit tourbillon qui représente les énergies positives restera minime, établissez de bons rapports avec les gens, ayez le dialogue facile, parler de choses et d'autres à des inconnus est une bonne base d'entraînement. Sans dialogue, il est difficile de se faire connaître, surtout dans le monde des affaires où les grands patrons doivent décrocher leur téléphone tous les jours. Donc, entrainez-vous à cela.

Il faut d'abord être bien avec les autres et inversement

À moins de résoudre point par point ce qui ne va pas chez vous et dans vos habitudes, il s'agit de substituer une mauvaise habitude et de la substituer par une bonne, pour ainsi réduire le volume du cercle vicieux, vous y gagnerez en temps, il y aura une nette amélioration de votre comportement et de celui des autres envers vous, les situations trouveront toujours une issue favorable.

Posez-vous ces questions ! Que faites-vous au quotidien ? Quels sont vos à-priori envers la vie et votre entourage ? Est-ce votre passé qui vous perturbe ?

Il y a une certaine perception du monde qui nous entoure, de comment on le ressent, une interprétation psychologique de tel ou tel(s) individu(s). Vous avez sûrement connu une forme d'autorité parentale, une éducation particulière, des fréquentations qui ont eu une influence sur votre esprit.

Êtes-vous de ceux qui se reconnaîtront dans cette description ?

Le soir, notre personnage, rentrait chez lui dans son quartier HLM où se situaient des tours visibles à l'autre bout de la ville et dont les antennes semblent toucher le ciel.

Il roula dans sa vieille voiture dont le kilométrage se faisait ressentir, la fatigue d'un côté puisqu'il rentrait de son travail, et la peur de l'autre en revenant chez lui se demandant sur quels individus il va tomber. Il gara sa voiture, vérifia que son véhicule est bien fermé, évita de croiser les regards et rentrait dans son immeuble.

Il ferma sa porte à double tours et alluma la télé en se posant sur son canapé, une tasse de café à la main pour « relâcher ses tensions » (soi-disant). Il regarda les actualités qui annoncèrent que le taux de chômage avait encore augmenté, puis, il se plongea dans le film de la soirée qui exposait de la violence, notre personnage était absorbé, concentré, tout en ignorant que ce qu'il regarda jouait sur son psychique, car, la violence qu'il regarda à la télé, il la retrouva dans la réalité au dehors.

Votre cerveau est une banque de données cumulées tout au long de notre vie, vient ensuite vos états émotionnels à ces moments bien précis.

Ce que j'entends par là, aux vues de ce que vous avez vécu, il vous faut une reprogrammation de votre cerveau afin de passer de position de dominé à dominant.

Nous allons étudier dans ce chapitre les forces et les faiblesses (qui peuvent se transformer en forces), afin de déterminer l'origine des blocages, cela risque d'être moins enthousiasmant de parler du passé, mais il est nécessaire pour faire un traitement de fond.

Pour cela, nous allons faire un retour en arrière sur votre personne, car il s'agit de VOUS. Je vais vous apprendre à vous redresser et gagner en confiance, et sans passer par cette étape, tout n'aurait pas de sens. Il va falloir rouvrir certaines plaies, Dans votre vie, tout a été rafistolé comme un vase sur lequel nous mettons des points de colle, sa beauté s'en trouve altérée.

Comprendre les autres et ce qui nous entoure

La première chose à faire est de s'intéresser aux autres et à leur champ vibratoire, brisez leur coquille et envoyez des ondes positives, allez-y en douceur, pas la peine de forcer, vous risqueriez que votre interlocuteur se braque et devienne imperméable à vos propos.

Une fois leur coquille brisée, cette personne vous fera confiance et vous écoutera, à défaut, il faudra d'abord la gagner.

Ne vous mettez pas trop en avant, laissez votre interlocuteur vous poser des questions, répondez-y avec la plus grande sincérité, ouvrez votre cœur.

Nous avons tous besoin d'une pleine compréhension du monde qui nous entoure, de regarder les gens vivre et d'avoir leur bonheur qui vous semble inaccessible, mais êtes-vous sûrs que ces personnes soient heureuses chez-elles ?

Ils dissimulent peut-être leur tristesse en sortant de leur foyer pour changer d'air, une des leçons à retenir est qu'il ne faut pas se fier aux apparences, vous le voyez aussi chez les individus qui vous semblent plus démunis que vous. À votre avis, peuvent-ils être heureux ? S'ils se contentent uniquement de guenilles qu'ils portent, sans se soucier du succès, du moins, ils ont une autre perception du succès.

Je dis ceci, car dans la plupart des pays de culture aborigène, qui se sont développés sans connaître notre civilisation, vous leur parlez d'ordinateurs ou autres technologies, cela leur est étranger à leur culture. Ce qu'ils ont les rend riches, comme quoi, nous avons tous une perception différente de la richesse. Cela peut s'expliquer par un phénomène de « suffisance culturelle », ils n'ont pas besoin de plus, car ils ne savent pas qu'ils peuvent avoir plus.

Quand j'étais encore au lycée, j'ai étudié la pyramide de Maslow qui regroupe tous les besoins à satisfaire pour atteindre son plein épanouissement de soi.

Cette pyramide est bâtie par paliers, avec, à sa base, les besoins dits « physionomiques », l'homme a besoin de boire, de manger et de se vêtir, de se loger. Au deuxième palier, nous avons les besoins de sécurité. Les marginaux sont à ce niveau et ne peuvent accéder à l'étage au-dessus qui regroupent les besoins d'appartenance à une communauté.

L'ignorance d'une possibilité d'obtenir au-delà de ce palier fait que certaines cultures se contente de ce troisième niveau et imaginent déjà être au sommet.

Vient ensuite le besoin d'estime de soi, savoir comment on se perçoit soi-même et par rapport aux autres, sommes-nous appréciés ou non ? C'est en grande partie notre comportement vis-à-vis d'autrui qui détermine ce que nous sommes, car ceux que nous rencontrons nous renvoient le reflet de ce que nous leur montrons.

Quand nous arrivons tout en haut de cette pyramide, nous avons atteint (ou presque) tous nos objectifs, nous en sommes au plein accomplissement de soi, nous avons réussi à obtenir une vie prospère et un très bon confort de vie. Le « ou presque » signifie qu'il ne faut pas pour autant dormir sur ses lauriers et maintenir ce rythme, sinon, c'est la dégringolade.

À quel niveau en êtes-vous ?

En réalité, vous en êtes au troisième niveau pour la plus grande majorité, et au quatrième pour d'autres

Cela peut s'expliquer par notre mécanisme de sécurité subconsciente, une façon de dire que vous êtes très bien où vous êtes, alors pourquoi vouloir plus ? Je vous répondrais, parce que vous en êtes tous capables. Seulement, vous n'avez pas assez puisé au fond de vous.

Mettez de côté toutes vos croyances passées, ne vous laissez pas absorbés par les « on dit que », ne vous comparez pas aux autres, car vous êtes tous uniques.

Je comprends les difficultés que vous avez eues pour en arriver là où vous en êtes, mais au fond de vous, est ce ça que vous voulez vraiment ?

Vous êtes paralysés par la peur de tout perdre sur un coup de dés, abandonner son travail pour se mettre à son compte semble être une entreprise risquée. Tout ça, parce que l'on vous a appris à renoncer, on vous a inondé l'esprit par tout ce qui se voient ou s'entend à la télévision, à la radio, dans les journaux qui évoquent les guerres et la misère.

Il vous faut avant tout apprendre à avoir confiance en vous.

La hiérarchie

Une des raisons qui vous bloque viendrait aussi de l'importance que vous accordez par rapport aux autres. L'origine de ces pensées viendrait de votre enfance en voyant les grandes personnes vous dépasser « naturellement », en faisant aussi figure d'autorité, vous vous êtes senti diminué.

Quand les grandes personnes ne vous prenaient pas au sérieux dans vos projets, même à l'adolescence, les professeurs, les directeurs d'établissement entretenaient en vous toujours cette autorité et cette supériorité. Au fil des années, cette supériorité qu'ils vous inspiraient était ancrée en vous.

Lors de vos stages en entreprise, si vous en avez fait, ces figures autoritaires vous donnaient le sentiment de crainte. Mais dites vous que ce sentiment de crainte, ils l'ont eu eux aussi étant plus jeunes, et presque rien ne vous différencie d'eux, sauf leurs études et leur capacité de s'affranchir. Ils ont eu à la fois l'opportunité d'avoir des modèles, et d'avoir un esprit conscient, ouvert au monde.

Ce qui peut vous impressionner, c'est à la fois, l'âge, le compte en banque, les diplômes et le costume, d'un autre côté il est possible de démonter toutes ces croyances limitantes en vous disant que vous arriverez un jour aussi vieux qu'eux (une quasi-certitude, mais j'y mets une réserve car nous pouvons mourir jeunes malheureusement), ensuite, vous pouvez économiser suivant vos moyens, puis, les diplômes aident, mais certains y arrivent sans (les autodidactes), et pour finir, le costume n'est pas forcément synonyme de réussite, j'en porte en toutes occasions et les prix sont devenus très abordables.

Ce qui vous rapproche de la hiérarchie, c'est que nous mourrons tous, riches ou pauvres, ce qui peut nous différencier, ce sont les circonstances de notre enterrement, finir dans une fosse commune ou dans une boite en sapin avec des poignées en or.

Les qualités et les défauts

Lorsque j'étais en formation PNL en 2004 à la chambre des commerces et d'industries, je me souviens que l'intervenant avait mentionné dans son cours « les défauts peuvent être des qualités, et les qualités, des défauts »

Vous n'y croyez pas ?

Quand vous avez le sentiment que vous êtes le meilleur, le plus fort, le plus intelligent, et j'en passe, vous créez autour de vous un champ vibratoire de façon de voir les autres inférieurs à vous et non comme vos semblables, n'oubliez jamais que chaque individu que vous croisez est le reflet de vous-même.

Mettez-vous à leur place, ayez cette capacité de vous mettre dans la peau et sentiments de votre interlocuteur, ce que nous pouvons aussi appeler « avoir l'œil extérieur »

Comment êtes-vous perçu d'après vous ? Comme des êtres hautains, prétentieux, fiers, vous leur faites ressentir ces sentiments.

Quand vous êtes dans un état où ce que vous ressentez sont une mauvaise estimation de ses qualités, que vous vous sentez inférieurs ou nuls, vous le faites ressentir rien qu'en vous voyant.

Certains essayeront de vous aider, acceptez leur assistance, nous avons toujours besoin des autres, il n'y a rien de déshonorant, et arrêtez de penser que vous êtes incapables, cela empoisonne votre existence.

Vous êtes normaux et bien dans vos baskets malgré les circonstances. Apprenez à devenir à la fois impassibles pour vos faiblesses, ne les montrez pas, et forts de vos convictions, gardez toujours le sourire et soyez heureux.

Il m'est arrivé d'être au travail avec le sourire à en étonner plus d'un, car les circonstances n'y prêtaient pas ! Une tonne de travail me tendait les bras ? Et alors ? Personne n'est surhumain, malgré la pression de mon employeur, je faisais mon travail tranquillement, et l'aisance avec laquelle je l'appliquais me faisait finir ce que j'avais à faire pareillement que si j'étais stressé, la différence est que j'étais moins fatigué.

La passivité dans mon cas a été une qualité, ne pas se laisser submerger par les événements, c'est complètement inutile et cela peut vous désorganiser dans votre travail.

Le magnétisme d'une personne

On parle souvent du pouvoir d'attractivité chez quelqu'un, mais qu'en est-il réellement ?

Nous disposons tous d'un capital énergétique dès la naissance et d'une boîte à outils dans notre esprit, à chaque situation que nous traversons, nous avons toujours le choix, ce qui est le propre de l'homme, quand quelqu'un nous irrite par exemple.

Nous avons la possibilité de l'écouter ou de l'ignorer, de se dire que cet individu est malheureux.

Et si nous essayons de donner un peu de notre énergie à cette personne ? Elle serait moins malheureuse ou néfaste ?

Offrez-lui une rose à une femme et elle vous remerciera, au contraire, si celle-ci est trop aigrie, elle vous dira « je n'en veux pas de ta fleure »

Alors, il y a deux possibilités pour vous, soit raisonner de façon à dire « tant pis pour toi », ou soit comprendre pourquoi elle n'en veut pas, laissez-la s'exprimer sans interpréter, elle doit sentir que vous captez son attention, cette personne vous percevra comme quelqu'un à l'écoute, altruiste, qui ne cherche ni à se justifier, ni à se mettre en avant. Captez cette énergie avec bienveillance, elle grandira en vous, plus vous ferez le bien autour de vous, et plus vous serez apprécié.

L'énergie est en vous et en tout ceux que vous croisez.

N'avez-vous jamais remarqué quand vous vous sentez mal à l'aise ou bien, en présence de quelqu'un ? Cet individu déploie son magnétisme, sans que vous soyez obligé de le connaître, malgré ce qu'il fait ou ce qu'il est.

L'environnement dans lequel nous évoluons fait partie d'un tout, chaque être, chaque plante, chaque animal, inconsciemment, nous inter-communiquons entre nous, pour vous donner quelques exemples, quand vous avez une chanson en tête, n'avez-vous jamais remarqué qu'une personne à côté de vous la fredonnait ? Ou quand vous regardez fixement une personne de dos devant vous, vous la voyez se retourner et vous regarder ? C'est de même quand vous vous sentez observé, vous tournez la tête et effectivement, quelqu'un vous regarde.

Il m'est arrivé de penser à une personne en particulier, je ne la connaissais que depuis peu, et pourtant, j'ai eu une vision très claire dans mes songes, la portant dans mes bras et en robe de mariée, actuellement, elle vit avec moi. Certains diront que c'est de la prémonition, mais les intentions étaient partagées, elle m'a confié qu'elle me voyait dans ses songes.

Votre entourage renvoie sur vous ce que vous leur envoyez, c'est-à-dire de mauvaises ondes, elles s'accumulent à l'intérieur de vous, plus la polarité est chargée et plus l'attractivité est forte, en positif comme en négatif. Le secret est là, faites le bien autour de vous ! Ne donnez pas une image désastreuse en critiquant, insultant ou en vous plaignant constamment.

Pour cela qu'il est important de conserver des pensées saines, de faire des petits rien pour faire sourire quelqu'un, dire « bonjour », « merci », «comment allez-vous ? », montre votre intérêt pour les autres et ils vous le rendront.

Vous trouvez ici l'une des portes ouvrant sur l'attraction de vos désirs à la fois affectifs et matériels.

Encouragez les jeunes à réussir leurs examens, leur souhaiter le bonheur ou la santé, faites-en sorte de déclencher des sourires et d'être largement apprécié.

Les ondes que les personnes vous enverront s'accumuleront en vous (beaucoup diront « oui, mais cela ne fonctionne pas »), chose très importante, laissez les choses venir naturellement, sans attendre que cela vienne, vaquez à vos occupations, faites des gestes ou des paroles de gentillesse ou d'attentions, ensuite oubliez vos attentes d'un retour. Cela se fera petit à petit sans forcer.

La théorie des dominos

Chaque action en entraine une autre, ce que l'on appelle aussi une réaction en chaîne et cela dépend aussi des choix que nous faisons dans la vie, tout n'est pas voué à l'échec, seulement si nous abandonnons, et nous en sommes là où nous en sommes, soit prendre le risque de faire tomber les prochains dominos, soit rester dans l'incertitude, c'est aussi prendre conscience et accepter que nous pouvons échouer, ce qui nous donnera la marche à suivre, peut-être un nouvelle échec, cela peut durer cinq fois, cent fois, même au-delà.

Quand vous renoncez, vous ne savez pas ce qu'il se cache derrière le domino.

Les choix que vous faites pour votre avenir sont aussi incertains que Chat de Schrödinger enfermé dans une boite, vous ne connaissez pas l'issu, et vous ne prenez pas le risque d'aller plus en amont.

Apprenez à prendre des risques, ne vous limitez pas à votre peur, franchissez cette limite, ayez confiance, arrivera ce qui arrivera, mais ne vous découragez pas.

Comme je le disais, vos actions vous ont mené là où vous en êtes, il n'y a rien de négatif à en conclure, la vie vous donne toujours une chance de rebondir, ce qui vous bloque, c'est que vous avez appris à renoncer, votre existence a été un cumul de coups durs, et alors ? Acceptez ce que vous êtes devenu et poussez le prochain domino.

Chaque action entraîne une conséquence, ce que vous faîtes aujourd'hui détermine ce que vous serez demain, le monde est toujours en mouvement que vous fassiez quelque chose ou non, dans votre statisme ou votre initiative.

La richesse ou la pauvreté ne sont pas synonymes de réussite ou d'échec

L'environnement ne connaît pas de statut social, que l'on soit riches ou pauvre, c'est selon comment sont nos croyances dès la naissance, et de comment nous sommes éduqués.

Dans le cas d'un enfant né d'une famille aisée, son père est entrepreneur et il gagne bien sa vie, il prospère, de quoi le mettre lui et toute sa famille à l'abri du besoin, l'enfant quant à lui apprend à ne pas avoir peur de l'avenir car il a tout ce qu'il veut de la vie, il vit dans un cocon. Son père est souvent absent pour les voyages d'affaires et n'a pas de temps à consacrer à l'éducation de son fils, à la transmission de son savoir, sa mère se trouve trop protectrice envers lui et veille à sa scolarité. Cette enfant compte bien sur le rang social dont il privilégie, ne se souciant nullement des études, il s'agit d'un jeune rebelle. Quelques années plus tard, il ne pourra pas reprendre les affaires de son père et bénéficiera d'un très bel héritage sans savoir qu'en faire, parce qu'il n'a pas eu la transmission du savoir.

Dans le cas d'un enfant né d'une famille pauvre, deux solutions s'offre à lui, soit bûcher comme un fou pour se sortir de son milieu social, soit se résigner, mais en apprenant très tôt à se battre et que rien n'est jamais acquis dans la vie, il réussira par la force de la volonté, dans le cas contraire, si celui-ci s'est fait une raison en acceptant sa condition, à l'âge adulte, quand il décidera de se battre pour s'en sortir (s'il le fait), ce ne sera pas rentré dans sa culture de vie qui aurait dû être forgée dès l'enfance, il aura cumulé tant de souffrances, tant de peur, tant de doutes qu'il aura du mal à se recaler sur le bon chemin,

L'égo et la mauvaise foi

Nous avons tous un égo, démesuré ou non, consciemment ou non, mais nous agissons principalement pour nous même, en regardant de plus près, qu'attendez-vous exactement des personnes de votre entourage ? De la satisfaction ? De la reconnaissance ? De l'amour ?

Analysez votre propre comportement avec les autres, donnez-vous inconditionnellement, ou dans l'attente de recevoir vous aussi ? Quand vous offrez quelque chose, faites-le avec votre cœur, n'attendez aucun mérite, lâchez prise sur vos espérances de recevoir en retour.

Vivez au rythme du monde qui vous entoure sans reprocher quoi que ce soit, acceptez que quelqu'un soit plus cultivé que vous et d'autres moins, que certains vont plus vites que vous, et d'autres plus lentement. Reconnaissez que vous n'avez pas la science infuse, vous vivez tout simplement en harmonie avec le monde qui vous entoure.

En clair, si vous voulez vous rapprocher de la personne que vous désirez, il est nécessaire de se rapprocher des conditions requises pour cela.

La seule façon d'avoir des œillères, c'est sur vos objectifs, et personne n'est doté de la vérité absolue, ni vous, ni moi, ni vos proches, ni même le correcteur qui se casse la tête sur mon texte actuel. Seul Dieu a ce pouvoir.

Ce fut le cas pour les dirigeants d'une entreprise dont je tairais le nom le lieu et la date, pour la simple raison que je travaillais pour eux, et que je n'ai pas envie de me retrouver au côté de l'équivalent de Maître Dupont-Moretti pour assurer ma défense.

Cette structure du nom de *** ne faisait pas de bénéfices, elle était plutôt sur la pente descendante, pourtant, les dirigeants faisaient tout pour améliorer les conditions de travail, ils remettaient des coups de peinture à droite à gauche, rebouchaient des trous sur le sol, ils ont même refait les toilettes et investi énormément en machines et autres moyens techniques.

Cependant, l'entreprise avait du mal à décoller, les clients se lassaient et allaient voir ailleurs si l'herbe était plus verte. Les reproches fusaient, de réunion en réunion des équipes de travail, nous disant de produire davantage, de faire attention à la qualité de notre travail, nous accusant de tous les mots, des menaces de renvois, et j'en passe.

Malgré tout ceci, rien ne venait, et les dirigeants se demandaient pourquoi les employés ne s'investissaient pas dans l'entreprise.

La raison est toute simple, ils ne voyaient que leurs intérêts personnels et ne percevaient les salariés que comme des objets interchangeables, leur posant une épée de Damoclès sur la tête, ils ne faisaient que de parler des difficultés de l'entreprise, pourquoi ils ne faisaient pas de bénéfices, parce qu'il manquait l'essentiel, « les rapports humains ».

Les dirigeants envoyaient des ondes négatives, ils n'écoutaient pas les problèmes de ses employés, un générateur de stress et d'angoisses créant de la dépression, si l'homme est un miroir pour l'homme, ils n'étaient pas entendus en retour.

Trop à penser à leur chiffre d'affaires, à leurs bénéfices, à leurs clients, ils en ont oublié que pour qu'une entreprise fonctionne, tout le monde doit travailler en une seule équipe, les employés ont besoin d'être reconnus et valorisés, sans quoi s'installe le « m'en-foutisme » et des aigreurs vis-à-vis de leurs supérieurs hiérarchiques.

Et quand je parle de reconnaissance, il ne s'agit pas uniquement de poignées de mains lors de la prise de poste, ou d'organiser des sorties ou des festivités pour Noël, rien à voir, en réalité, c'est être reconnus en tant qu'humains, encourager, dire que l'on fait un bon travail, tout le monde a besoin d'appartenir à un groupe et d'être estimé.

Tant que les supérieurs ne voyaient que les salariés comme des êtres inférieurs à qui ils faisaient la morale, ils créaient un mauvais climat ambiant, une atmosphère « puante » de négativité qui avait un impact direct sur la qualité du travail, sur la production et par la suite sur les clients. Ils ne leur manquait plus que le coaching (j'y reviendrai), le pouvoir de galvaniser les employés en positivité, et cela doit se maintenir à rendre le personnel heureux de venir travailler et être fier de leur entreprise.

Convaincre les autres

Un constat fait de nombreuses fois et depuis longtemps, c'est que certains individus ont l'esprit fermé. Malgré vos connaissances et vos études faites, certains se buttent dans une vérité infondée de leur subconscient.

Même pour nous, il nous arrive de persévérer dans l'erreur, cloisonné dans un système de pensées inconsciemment, refusant de reconnaître nos lacunes et notre ignorance sur certains sujets.

Les plus habiles seraient même capable de nous faire avaler des couleuvres, de vous convaincre que quelque chose est vrai alors que cela ne l'est pas. Cela dépend aussi de comment vous êtes perçu et que, d'après eux, vous êtes constamment dans l'erreur, ce ne sont pas vos connaissances qu'ils attaquent, mais votre personne, et dans l'idéal, il serait préférable de fuir ces individus toxiques et narcissiques.

Quand vous dites que la couleur est verte, votre interlocuteur vous répondra que c'est vert clair ou tirant au bleu, voulant ajouter une précision pour se mettre en avant, même si la vérité est absolue, il voudra garder « la raison » et la main mise sur vous-même.

Ou que nous soyons, dans les domaines de la vie quotidienne, politiques ou professionnels, quoi que vous disiez, les réponses sont du genre « Mais non, tu n'y arriveras pas ! » ou encore « le meeting était bien organisé, mais aurait pu être mieux ».

Il est difficile de faire accepter ses idées à quelqu'un selon comment nous sommes perçu. L'apparence et la façon de parler joue beaucoup. Un remède pour palier à ce phénomène est d'accepter les dires d'autrui, même si votre interlocuteur reste dans le faux. Car son esprit comme tous les autres est dans l'égotisme, nous voulons tous, quel que soit l'individu avoir raison dans ce que nous faisons et disons.

Aider les autres

L'assistance existe sous deux formes, il y a « aider » sous une forme désengagée, désintéressé, et sous un autre aspect un peu plus égoïste, personnelle, qu'on le fasse consciemment ou inconsciemment.

Inconsciemment, nous le faisons dans la vie de tous les jours, quand vous faites vos courses, quand vous allez au travail, vous contribuez à quelqu'un d'autre, toujours. Si vous vous demandez d'où vient votre salaire, il est clair qu'il vient du patron, mais qui paie le patron ? C'est grâce aux ventes de produits de son entreprise que vous êtes rémunérés, et qui est l'acheteur ? C'est peut-être vous ou un autre, si je prends l'exemple d'une marque de petits pois (exemple qui ressort souvent en économie, allez savoir pourquoi !), si vous travaillez dans l'usine qui les fabrique, rien ne vous empêche d'aller acheter une des boîtes au supermarché. Ensuite, quand vous prenez une autre marque, vous contribuez à la rémunération de quelqu'un d'autre comme vous. Quand vous achetez le dernier Iphone ou un téléviseur HD pour vous faire plaisir, vous faîtes plaisir à quelqu'un d'autre. C'est ce que j'appellerais l'assistance inconsciente.

On peut être altruiste sans se croire altruiste, pour cela, il faut faire l'étude au plus profond de soi et se poser la question, si vous portons assistance, pour qui le faisons-nous réellement ? Dans le but d'être glorifié ou remarqué, ou dans un but désintéressé et gratuit ?

Quand nous connaissons une personne dans la difficulté, nous pouvons bien sur lui porter secours, mais quand elle ne comprend pas pourquoi elle est dans la difficulté, malgré nos conseils et notre soutien, celle-ci continue sur sa lancée, au début elle prétend avoir compris la leçon, mais in n'en est rien, quelque temps plus tard, nous retrouvons ce même individu dans la même situation qu'avant, ça en est presque navrant.

Il y a des êtres sur cette terre qui peuvent être noyés dans les difficultés, ne prenant aucun enseignement de ce qu'il s'est passé dans leur existence. Ça en est à se demander si ceci n'est pas rentré dans leur culture de vie.

La leçon à en tirer est que vous aussi vous êtes responsable de son conditionnement, simplement parce que pour cette personne, vous devenez comme une corne d'abondance dans laquelle elle peut puiser, le problème est que « vous êtes là ! » et vivent dans l'instant présent de votre présence.

Peu importe les coups durs, votre bon cœur vous perdra, mais toutefois, il y a un moyen d'aider ces personnes, c'est justement de ne porter aucune assistance, non, aucune. Il faut les mettre au pied du mur, il faut une décharge électrique dans leur esprit, qu'elles se sentent seules face à cette situation et qu'elle prenne conscience.

Quand pour elle, tout ceci semble assimilé (du moins, il faut espérer), vous pourrez revenir les aider « partiellement » histoire de la remettre sur les rails.

C'est valable pour tout le monde, comprendre les coups durs de la vie et en assumer les conséquences.

Apprenez à vous effacer de temps en temps pour penser à vous, vous sacrifiez votre vie pour celle des autres, concentrez-vous sur votre avenir et vos projets et éloignez-vous de ces individus « toxiques », que ce soit la famille ou les amis, cela n'excuse pas leur négligence envers eux même et la façon dont ils vous culpabilisent quand vous n'êtes pas là pour eux.

Rendre service de bon cœur, qui sait ce que cela signifie réellement ? Rappelez-vous ! l'homme est un miroir pour l'homme (ou pour la femme, ne soyons pas chauvins !), et un don de soi doit être un acte totalement gratuit, cela signifie qu'une fois l'action de rendre service effectuée, il faut tout de suite oublier, ne plus y repenser.

J'ai connu une personne dans mon travail qui venait me rendre service sans que je lui demande, je le laissais faire, mais il n'y avait pas vraiment lieu de venir m'aider.

Un jour, il est venu me voir pour une histoire tirée par les cheveux, et il me dit « rappelle-toi ! Je t'ai rendu service de bon cœur ! », il m'a un peu surpris par ses propos et je lui ai simplement répondu « alors, pourquoi viens-tu t'en plaindre ? », c'est bien parce qu'il l'avait voulu et non parce que je l'avais réclamé, il y a nuances.

En clair, faire une action de bon cœur, soit on le fait sans le reprocher ensuite, soit on ne le fait pas. Personne n'est notre obligé dans ce cas précis.

C'est aussi ce qui coince aussi, ne faites rien dans le but de vous satisfaire, mais pour faire plaisir aux autres, les lois de l'attractivité sont précises, si vous ne voulez pas faire quelque chose de gratuit, alors, ne le faites pas.

Vous l'aurez compris, les lois de l'attractivité ne fonctionnent pas quand nous sommes trop individualistes, elles agissent avec le karma, ne l'oubliez jamais ce principe « donner aux autres, c'est se donner à soi-même », quand vous offrez un présent, c'est comme si ce cadeau était pour vous, mettez-vous à sa place et ressentez son bonheur. À la différence, quand vous le fait dans l'espoir d'avoir quelque chose en retour, c'est votre ego qui s'exprime, vous contrariez votre karma. S'il y a un retour, il se fera sans même y songer, cela s'appelle la onzième heure, quand les choses viennent sans attendre, quelquefois, dans des moments critiques.

Schématiquement, prêtez par exemple 20 € à quelqu'un, c'est comme se prêter la même somme en retour, si vous les réclamez, ou que vous imaginez que si vous donnez ce montant pour faire réagir les lois de l'attractivité, ça ne fonctionnera pas, il faut oublier totalement ! C'est quand vous n'y pensez même plus que tout arrive.

Si j'ai encore une chose à ajouter sur le sujet, sans trop me pencher là-dessus, quand nous voulons aider les autres, c'est bien si l'aide est désintéressé, mais aussi, si quelqu'un nous le demande. Plus haut, je disais que dans la plupart des cas, la meilleure façon de les aider est justement de ne pas le faire, surtout si on ne vous demande rien. Un apprenti a besoin de faire travailler son l'esprit logique, si quelqu'un est toujours derrière lui à lui dire comment faire quelque chose, il le fera d'une manière robotisée sans connaître le pourquoi du comment. C'est d'ailleurs comme ceci que j'ai été formé lors d'un de mes stages en entreprise, mon maître de stage me laissait bûcher et butter sur le problème, et avec de la persévérance, j'y arrivais. Mon formateur était à la fois très dur, mais très juste et je ne l'en remercierais jamais assez.

Concrètement, c'est de cette manière que l'on obtient « l'expérience ».

Pascal le grand frère

Nous avons besoin d'avoir un œil extérieur et auto-critique pour comprendre ce qui ne va pas, Tout le monde n'a pas regardé cette émission à la télévision, peut-être qu'elle n'existe plus au moment où vous lisez ces lignes, toutefois, il existe des vidéos sur internet que vous pourrez regarder si vous êtes intéressés.

« Pascal le grand frère » était une série de télé-réalité racontant l'histoire de familles en difficultés à cause d'enfants ou d'adolescents rebelles qui menèrent la vie dure à leurs parents ou proches.

Son rôle était de recadrer ces jeunes à problèmes, ayant le syndrome de « l'enfant roi ».

Chaque situation était différente, un père absent, enfants trop gâtés, parents trop faibles moralement et j'en passe. Ce qui se passa dans certains épisodes, ce sont les enfants convaincus qu'ils avaient raisons, qu'ils étaient dans la vraie vie et que leurs parents étaient fautifs.

Alors, pour les ramener à la réalité, Pascal emmena ces jeunes et leur famille au vert, coupé du quotidien où commença une thérapie de « recadrage ».

Dans certains épisodes de l'émission, nous pouvions voir Pascal emmener ces familles dans une salle de cinéma où avaient pris place des personnes extérieures à leur situation, de parfaits inconnus pris dans la rue.

Le film commença, l'enfant ou l'adolescent vît les scènes de ses violences et se redécouvrait lui-même à son grand étonnement avant que son visage se décomposait, il a du mal à réaliser que ce fut lui sur le film. Ce qui lui manquait, c'est un œil extérieur. Les critiques du public dans la salle ne tardèrent pas provoquant un électrochoc plus important.

Faites le point sur vous-même et ayez un œil extérieur en imaginant comment vous voient les autres. Prenez un magnétophone et enregistrez-vous, mieux que ça, faites une vidéo, observez votre attitude, ou demandez à un proche de cacher une caméra dans la pièce sans forcément en expliquer la finalité, même s'il vous pose des questions. Ce que les autres seront pour vous dépendra de ce que vous serez pour eux !

Être responsable

L'une des qualités d'un bon leader est de savoir tout prendre sur soi, assumer ses actes. Ce que font la plupart des gens ont la fâcheuse habitude de « déléguer » leurs fautes, chose constatée plusieurs fois en milieu professionnel, cela prête à sourire même si les circonstances n'y prêtent pas, quand un travail est mal fait, nous accusons son collègue, tandis que s'il est bien fait, nous en vantons les mérites.

Par exemple, supposons qu'il y ait une flaque d'eau dans le hall d'une habitation collective, il y a du passage, les voisins vont et viennent et remarquent qu'elle est toujours là, et chacun se dit « franchement, quelqu'un aurait pu la nettoyer ! » sans pour autant que ce soit l'un d'entre eux, et il suffit qu'une personne se décide à prendre l'initiative (le lendemain), tout le monde n'a pas cette capacité car ils se disent « ce n'est pas moi qui l'ai mise là » ou encore « elle y était déjà ».

Vous devrez prendre conscience que pour avoir du succès, aussi surprenant que cela puisse paraître, cela doit passer par des initiatives, pour montrer l'exemple. À moins d'être de ceux qui regardent et qui ne font rien d'autre.

Ne jamais se demander qui à fait quoi comme dans l'exemple de la flaque d'eau, vous vous prenez en main et vous la ramassez, ne serait ce que pour vous et votre estime. Ce que font les autres symbolisent ceux qui n'avancent pas, comme on peut caricaturer les personnes travaillant dans les travaux publics, un qui creuse, puis les autres qui regardent.

Dans votre for intérieur, vous accumulez de la fierté à faire chaque acte sans déléguer, vous bâtissez votre propre édifice en partant des fondations, vous apprenez à bâtir et vous gagnerez en confiance en vous disant que finalement, ce n'était pas si difficile, le tout est d'essayer.

Aussi, ne faites pas quelque chose pour que l'on vous remarque, mais pour être remarqué, cela doit être des gestes assez naturels. Vous aimez quand une personne vous félicite quand vous faites une action de vos propres mains ? L'idée vous séduit qu'elle germe dans votre esprit, cela vous donne de l'imagination, et pourquoi pas exercer dans ce domaine ?

Recommencez encore et encore et accueillez toutes les remarques avec bienveillance quelles soient positives ou négatives. Si elles sont mauvaises, cela laisse le soin de s'améliorer.

Il m'est arrivé de répondre à des enquêtes de satisfaction client, même si j'étais très satisfait des services, je ne mettais jamais la plus haute note pour ne pas que l'entreprise proposant une enquête se dise que tout va bien, donc, pas la peine de s'améliorer.

Donc, pour rebondir sur ce que je disais, prenez des initiatives qu'elles soient bonnes ou mauvaises, n'attendez pas toujours que l'on vienne vous le dire, surtout si personne ne vient.

PARTIE II : COMMENT REMEDIER AUX PROBLEMES

CHAPITRE 4 : EXERCICES PRATIQUES

« Je ne perds jamais, soit je gagne, soit j'apprends »
(Nelson Mandela)

Pour reprendre le contrôle, cela se passe en plusieurs étapes dont tirer les leçons de son passé, réécrire une autre interprétation de sa vie et agir au présent pour un meilleur avenir. Je vais vous apprendre à recalibrer votre champ vibratoire, et mettre votre environnement interne et externe au diapason pour qu'ils résonnent d'une même fréquence.

Maintenant, c'est à vous de jouer !

Premier exercice

Rien de bien compliqué, l'exercice prend une heure (vous trouverez bien le temps pour cela), il vous suffit de vous asseoir ou de vous allonger sur votre lit (l'idéal étant la deuxième solution), détendez – vous et ne pensez plus au but de votre vie, ni aux nuisances externes (un entretien qui s'est mal passé, une dispute avec un collègue, la peur d'un voisin, une facture à payer ou autres).

Les mains posées l'une sur l'autre à hauteur de votre cœur. Personne ne doit être en mesure de vous interrompre pour x ou y raisons, le facteur, la famille ou des amis ne doivent pas venir toquer à votre porte par exemple.

Inspirez doucement par le nez, puis expirez par la bouche, tout en essayant de vous détendre, reprenez votre calme, c'est très important.

Concentrez-vous uniquement sur votre respiration et faites abstraction de tout le reste, si vos pensées reviennent, que ce soit en positif ou négatif, faites le vide en regardant un objet posé sur un meuble, l'angle d'un pan de mur, l'esprit doit être et rester neutre.

Quand vous avez libéré vos pensées néfastes et que vous ne pensez plus à vos projets, vous êtes ce que l'on pourrait appeler « en phase », vous pourrez y incorporer de nouveaux éléments positifs (en dehors de ce que vous souhaitez réellement), imaginez que tout se passe pour le mieux autour de vous, ne pensez pas que vous n'y arriverez pas, car c'est exactement ce qu'il se produira, car vous envoyez à vous-même une énergie néfaste.

De même, se dire que c'est absurde, n'importe quoi, c'est trop dur, ou le fameux « oui mais si …… » (ce que vous vous dites probablement), tant que vous ne l'avez pas essayé, il est certain que cela ne fonctionnera pas, alors que si vous tentez, cela ne coûte qu'une heure de vos journées de 24h, il vous en reste quand même 23 pour vaquer à vos occupations.

C'est un exercice respiratoire le but est d'apprendre à contrôler son souffle et d'être « en phase », faites un peu confiance à l'auteur qui écrit ce livre qui en son sens a son utilité (qui ne le fait pas juste pour noircir du papier), cela n'a rien de compliqué, faite le tout simplement, vous me remercierez plus tard.

J'évoquais aussi l'incorporation d'éléments positifs dans cet état de calme et de sérénité, elle est issue de la méthode d'Emile Coué, d'ailleurs, je vous invite à lire son œuvre.

Pensez à ces phrases tout en continuant de respirer :

« aies confiance en toi ! », « tout va s'arranger », « tout ira pour le mieux ! », « tout se passe bien actuellement ! »

Essayez de ressentir chaque émotion de bien-être, vous voyez ? Vous avez la capacité de gérer vos sentiments, sans forcer, en faisant abstraction de tout le reste.

Pour conclure ce premier exercice, dites-vous que vous êtes plus fort et meilleur qu'il y a une heure, bien avant cet exercice, essayez d'éprouver un sentiment de grandeur intérieur, pensez à vos chefs, votre patron, à tout ceux qui en temps normal sont au-dessus de vous, dites-vous que vous êtes mieux qu'eux et qu'il ne vous reste qu'à le prouver. Tout peut s'arranger pour vous, tous les jours, le soleil est et sera toujours là, derrière les nuages et cela quoi qu'il arrive. Important aussi, sur le comportement que vous aurez à venir vis-à-vis des autres, gardez ceci pour vous ! n'en parlez surtout pas, et gardez ces pensées dans un coin de votre esprit.

Deuxième exercice

Prenez une feuille blanche et de quoi écrire, et dessinez un grand cercle en dessous d'un plus petit. Vous allez me dire « c'est un bonhomme de neige ! », je vous répondrais « certes ! », mais là n'est pas la question.

Ces deux formes, ce sont vos deux engrenages, l'un positif (celui du dessus) et l'autre négatif (celui du dessous)

Tracez une ligne horizontale passant entre ces deux cercles. Cela représente le « point mort », l'endroit où l'énergie n'est ni positive, ni négative. Quand sa vie est au « point mort », il ne se passe rien, du moins, c'est selon les croyances populaires, car la vie est en constante évolution d'un côté comme de l'autre de la ligne. Un penseur a dit un jour « la seule chose qui ne change jamais, c'est le changement lui-même »

Au-dessus de cette ligne, et autour du cercle, vous noterez tous les événements marquants et enthousiasmants liés à votre enfance jusqu'à maintenant.

Par exemple, ça peut être des vacances en famille, des pays visités, si vous avez eu des diplômes, si vous avez eu votre permis de conduire, vos relations amoureuses ou avec qui vous vous êtes marié(e), si vous avez des enfants, etc.......

Laissez aller votre inspiration du moment ! Vous pouvez compléter cette liste au fur et à mesure qu'un souvenir vous revient à l'esprit.

Jusque-là, rien de bien méchant, mais cela vous montre que dans votre vie, vous avez eu des victoires, même sur des choses de moindre importance.

Vous voyez ? Que vous l'admettez ou non actuellement, vous avez été des gagnants, des plus ou moins grandes étapes qui ont fait de vous la personne que vous êtes aujourd'hui. Alors, si vous avez été des gagnants dans le passé, en quoi ce serait différent aujourd'hui ?

Dans quelles circonstances avez-vous eu ces victoires ? Je vous livre le secret de l'inconscience.

A titre personnel, quand j'ai passé mon bac professionnel en comptabilité, je n'étais consciemment pas convaincu de l'avoir, et inconsciemment, il y a eu ce désir refoulé dans le conscient, il y a eu mille questions dans mon esprit dont une en particulier

« Si je ne suis pas convaincu d'avoir mon diplôme, qu'est-ce que je fais ici et pourquoi je me suis donné tant de mal ? »

J'ai songé à tout ceux qui croyaient en moi, et je peux vous garantir qu'ils n'étaient pas nombreux

Vous concernant maintenant, Pourquoi avez-vous fait tout ceci et en quoi ce serait différent maintenant ? À cause de votre vie ou de votre entourage actuel ?

Je peux vous garantir d'une chose, c'est que dans votre cœur, vous êtes resté la même personne, ce même enfant avec les yeux écarquillés, et voulant découvrir le monde.

Si vous prenez un instant dans votre journée pour repenser à tout ce que je vous écris, un moment au calme, vous fermerez les yeux et essayerez de vous concentrer sur vos événements marquants ! Il ne s'agit pas seulement de songer aux souvenirs, mais de vous en imprégner, vous imaginerez chaque détail, les circonstances et les émotions ressenties !

Au moment où vous ferez ceci, isolé du monde extérieur actuel, au calme, vous éprouverez un sentiment de bien-être. Vous puiserez une force intérieure et vous vous direz « j'ai été fort à ce moment-là ! »

Je vous dirais de le faire plus tard après la lecture des prochaines lignes, car je suis avec vous pour faire un travail de fond.

La prochaine approche est nécessaire pour évoluer et je ne peux pas passer à côté des aspects négatifs qui constituent eux aussi votre vie.

Les déconvenues de la vie sont des opportunités d'évoluer, personne n'aurait dit un jour, même moi, que je m'inspirerais des mauvais événements pour les tirer à mon avantage, je remercie les personnes qui m'ont aidé indirectement à me rendre plus fort. Vous deviendrez impassible et ne montrerez pas vos faiblesses.

Il est possible de tirer profit des mauvais souvenirs, la clé est ici, se redresser et se remettre en selle après la chute.

Reprenez votre feuille sur laquelle vous avez noté vos éventements marquants !

En dessous de la ligne, vous noterez vos souvenirs les plus douloureux ? Repensez aux choses qui vous ont mis mal à l'aise, par exemple, si dans votre enfance, vous avez fait du mal à quelqu'un et que vous êtes maintenant rongés par les remords, si des personnes vous ont fait souffrir, quand et pourquoi vous avez arrêté vos études, etc.…

Mon but n'est pas de vous faire du mal et de vous faire prendre conscience de la réalité, et de vous rendre plus fort, vous apprendrez à surmonter vos douleurs après ce passage. Reconnaître ses erreurs fera de vous quelqu'un de meilleur, je vous explique comment.

À la jonction entre les deux engrenages, placez un gros point pour bien marquer l'emplacement ! Il s'agit de l'instant « T » ou « point référent », si un engrenage fait un tour complet (ou une révolution), il revient à son point de départ, à ce moment, le ou les événements prennent fin pour recommencer un tour complet. Un nouveau cycle commence pour une durée plus ou moins longue, le petit engrenage, représentant l'énergie positive, a un cycle court pour vous. Votre enthousiasme redescend quand la révolution est complète, en termes de durée, cela peut être de l'ordre de 1 semaine à quelques mois, alors que de l'autre côté de la ligne, cela peut être très long, plusieurs années avant d'arriver au bout du cycle.

Il faut avoir conscience que tout a un début et que tout a une fin, un alpha et un oméga, il y a des naissances et il y a des décès, tout comme le soleil succède à la lune, et ainsi de suite, tout dans l'univers suit des cycles. Le vôtre suit son cours, mais le temps est limité, essayez d'en tirer profit au lieu d'attendre, car selon la taille de vos engrenages, la transition d'une énergie à une autre mettra un peu de temps si vous avez cumulé trop de négativité dans le passé.

Reprenez une autre feuille, tracez une ligne horizontale comme sur la première (sans les engrenages, nous n'en avons pas besoin pour l'instant) et réécrivez vos réponses concernant les événements marquants et enthousiasmants.

Sur la première feuille, vous chercherez un substitut positif pour chaque événement douloureux, par exemple, si quelqu'un vous à fait souffrir, dites que cette personne vous a rendu plus fort moralement, car vous avez survécu à ce mauvais passage, et pour ceux que vous avez maltraité dans votre enfance, espérez le meilleur pour eux de tout votre cœur, essayez de soulager votre conscience. Trouvez le moyen de relativiser, même si cela est pénible.

Notez vos substituts positifs sur la deuxième feuille en vous disant « ça, c'est la personne que je veux être, c'est le nouveau moi et je suis devenu plus fort »

Déchirez la première feuille en mille morceaux et jetez-les en vous disant « je vaux mieux que ça »

A partir de maintenant, vous raisonnerez de cette façon, vous serez capables de comprendre les autres, faites le serment dans votre subconscient de ne plus devenir la personne que vous avez été et de repartir d'un pas nouveau, pour obtenir le meilleur de ce que peut vous offrir la vie.

Pour que le cercle des énergies positives grandisse et que l'autre rétrécisse, il faut garder ceci à l'esprit « vous valez mieux que ce que vous pensez », allez dans ce sens, prenez tous les événements comme des occasions d'avancer en surmontant les épreuves et notez combien de fois vous vous êtes senti fort dans un carnet.

Si le doute s'installe, réfléchissez en termes de « solutions » plutôt qu'en termes de « problèmes »

N 'oubliez jamais que derrière les nuages, le soleil sera toujours là, croyez en cet astre et en sa lumière.

Troisième exercice

Pour voir se matérialiser l'objet de nos désirs, il faut avoir la capacité d'harmoniser notre imagination avec le monde extérieur pour résonner d'un seul et même son. Votre esprit doit être au diapason avec ce qui existe, sinon, ce serait peine perdue.

Retirez-vous à la campagne, en montagne ou en forêt, bref, mettez-vous au vert, l'harmonisation commence par la communion avec la nature, elle est une source régénératrice. C'est l'origine de tout ce que vous êtes.

Mettez-vous dans un endroit au calme, loin de toutes nuisances extérieures, asseyez-vous et contemplez ce qu'il y a autour de vous, écoutez le son des oiseaux, le bruit de la forêt, sentez sur vous le froid ou la chaleur imprégnez-vous de tous les éléments, l'herbe, les fleurs, les arbres, le vent.

Ensuite, une fois que vous enregistrez tous ces éléments en vous, fermez les yeux et ne pensez qu'à cet instant.

Laissez-vous envahir par tout ce qui vous entoure, inspirez et expirez lentement, vous ne faites qu'un avec votre environnement. Ressentez la vibration en vous, c'est une énergie pure.

Aimez la nature, ressentez ceci du fond de votre cœur et laissez cette sensation envahir votre corps.

Le temps n'existe plus, vos problèmes sont oubliés, il n'y a que vous et votre environnement, vous êtes détendu.

Ouvrez les yeux et contemplez encore, fixez l'horizon et dites-vous que l'univers est infini.

Quatrième exercice

Il existe un moyen pour mettre votre esprit en accord avec l'abondance, pour que vous puissiez le ressentir, l'imagination joue un rôle très important.

Créez votre propre univers, comme si vous aviez une vie parallèle, deux mondes séparés par une porte.

Accordez-vous au moins une heure par jour, ce n'est pas énorme, mais suffisant pour vous aider à changer d'état d'esprit. Soyez assidus et disciplinés. Gardez une régularité à cet exercice qui attirera à vous les énergies positives. Je peux vous garantir que cela fonctionne (Succès Garanti).

Dans votre esprit, vous allez vous créer votre propre histoire (en positif), et insérer tous les éléments nécessaires à votre épanouissement personnel. Ce n'est pas pour rien que je vous ai demandé de faire des listes d'événements marquants et douloureux, puis de substituer ces événements en quelque chose de positif.

Vous êtes actuellement chez vous, dans votre environnement peu propice au bonheur, trouvez un moment dans la journée où vous ne serez pas importunés, installez-vous dans un endroit isolé de toutes nuisances externes (Vous pouvez le faire aussi pendant votre sommeil).

Essayez de vous détendre ! Fermez les yeux, faites le vide dans votre tête, et laissez vos ennuis de côté pendant un temps (trop y penser ne va pas les résoudre).

Vous allez rentrer en état de songes, construisez la vie que vous désiriez, faite vous un monde où tout ce que vous voulez, vous le possédiez déjà, n'omettez aucun détail, il faut que vos songes soient précis, avec de l'entraînement, vous y arriverez, à la condition d'être disciplinés. Ressentez chaque émotion de calme et de réconfort, enthousiasmez-vous comme si tout était acquis. Respirez doucement, appréciez chaque instant et laissez battre votre cœur à son rythme dans votre univers.

Dans cet autre monde, derrière la porte de votre esprit, vous avez tout ce que vous avez toujours désiré, une voiture luxueuse, une grande maison, un bon job, et vous ne ressentez plus aucune inquiétude envers l'avenir.

Ce principe, je l'ai étudié grâce à un des livres que j'ai lu, cela s'appelle le « switch ».

C'est un phénomène de remplacement, le fait de substituer une pensée à une autre, par exemple, vous avez un patron qui est toujours sur votre dos et qui crie sur vous (c'est un cas extrême), essayez d'avoir une autre opinion de lui dans votre esprit, imaginez qu'il soit gentil et compréhensif, vous donnant moins de travail, vous expliquant qu'en ce moment, ses affaires ne vont pas fort et qui demande votre soutien, il vous gratifie et vous donne une promotion. Peu probable que cela arrive me diriez-vous, le principe n'est pas que son patron devienne plus gentil dans le vrai monde, mais qu'il le devienne dans le vôtre, la conception que vous en aurez faite, afin que vous vous chargiez de toute l'énergie positive qu'il vous transmet dans votre imagination.

L'idéal, pour un traitement de fond est de substituer dans son esprit toute sa vie passée, vous voir comme quelqu'un de fort et d'apprécié.

Ce « switch », c'est votre monde à vous, votre univers parallèle où vous y puiserez votre positivité. Il s'agit de votre « autre vous », une source inépuisable d'énergie positive où vous pourrez vous ressourcer, ressentez chaque émotion du moment où vous êtes dans cet univers créé dans votre esprit, rechargez-vous chaque jour, interagissez avec les personnes dans ce monde, et votre vie sera bouleversée, vous remarquerez des changements autour de vous, dans la réalité, votre inconscient aura changé, votre comportement aussi, cela se verra sur votre visage, vous serez plus enthousiaste qu'avant, vous aurez le sourire, et les autres le verront.

Pour que le réalisme soit optimum dans cet autre univers que vous vous êtes créé, il faut vous inspirer de la réalité, par exemple, en allant dans des administrations comme la chambre des commerces ou des métiers, dans des restaurants, à des soirées organisées par la commune, inspirez-vous et imprégnez-vous des lieux et des gens.

Vos pensées seront inondées de bien-être et de confiance, le petit tourbillon grandira et le grand se réduira., tout devrait se rééquilibrer dans votre vie, et cette tendance à l'optimisme devrait s'amplifier progressivement et selon les personnes.

NE FORCEZ PAS LES ÉVÉNEMENTS !

N'attendez jamais que les événements bénéfiques se produisent et laissez les venir à vous, l'esprit d'impatience bloque les bonnes ondes, si quelque chose doit se produire dans votre vie, cela se produira, accueillez toujours ce qui arrive à vous avec bienveillance et leçon, apprendre n'est jamais une punition, tirez enseignements de ceci.

Quelque part dans le temps

Il s'agit d'un film sorti dans les années 80 avec pour acteurs principaux Christopher Reeves et Jane Seymour, l'histoire relate les aventures d'un homme voulant remonter le temps pour rencontrer une femme qui vivait à une autre époque, dont le portrait est accroché dans sa chambre d'hôtel.

Il essaya de trouver le moyen pour aller dans le passé et rejoindre la jeune femme, cela devient une obsession pour lui et prit tous les renseignements concernant les voyages temporels, il rencontra un vieil employé de l'hôtel qui lui révèla « le secret », pour voyager dans le temps, il devra s'imprégner de l'époque jusqu'au bout des ongles, des comportements qu'il devra adopter et les tenues vestimentaires qu'il devra porter, et surtout, il devra se convaincre qu'il est réellement faisant partie du passé, et il ne devra pas avoir une once de pensées se référant à son époque originelle

Je ne vais pas raconter toute l'histoire du film, mais si vous êtes intéressés, je vous invite à le voir, il vous inspirera.

Comme dans le film, non pas que je vous incite à remonter le temps quoi que vous puissiez toujours essayer (sait-on jamais), vous devez garder à l'esprit des pensées de réussites, entretenez les, et la loi de l'attraction agira dans votre sens. Ne forcez pas les choses, faites comme si vous l'aviez déjà et n'attendez pas à ce que cela vienne tout de suite en un claquement de doigts, le temps que les énergies soient optimales dépend aussi du travail à faire sur vous.

Même si vos pensées de réussites sont faibles, entretenez-les comme des graines que vous semez ! Elles grandiront et donneront de belles plantes.

Il ne suffit quelquefois de pas grand-chose pour changer sa vie, et comme il est écrit dans la bible « si notre foi est aussi grande qu'un grain de sénevé, tout est possible » (évangile selon saint Luc).

Cinquième exercice

Écrire une pensée positive par jour à la manière d'Emile Coué.

Prenez une feuille blanche et noter juste cette affirmation « tout va bien ! », retenez ce que vous avez noté avant de la mettre dans un coin où vous pourrez la reprendre plus tard. Pendant une semaine, dites-le au réveil *« tout va bien »*, puis repensez à cette courte phrase durant la journée, essayez de vous apaiser en la disant pour vous-même. Auto suggestionnez-vous

La semaine suivante, vous reprendrez votre feuille, puis rajoutez en dessous de la première affirmation *« tout va bien se passer »*, même principe que la première fois, le matin et durant votre journée, répétez-vous cette phrase en vous-même, murmurez-la tout en continuant votre activité.

Ensuite, reproduisez le même schéma pendant la même durée, mais en rajoutant votre prénom, comme si vous vous adressiez ce message.

Rajoutez de nouveaux éléments à votre liste, par exemple :

« tu en es capable », « tu peux le faire », « tu vas y arriver »

Quand vous en aurez au moins une vingtaine, vous obtiendrez une suite de phrases construites comme celles-ci :

« tout va bien »
« tout va bien se passer »
« Yoann, tout va bien se passer »
« Yoann, tout va bien se passer, tu en es capable »
« Yoann, tout va bien se passer, tu en es capable , tu peux le faire »
« Yoann, tout va bien se passer, tu en es capable, tu peux le faire, tu vas y arriver ...... »

Il est important de noter chacune de ces affirmations pour que l'exercice fonctionne, votre esprit va s'imprégner de ces affirmations tout en gagnant en confiance, vous allez vous trouver de mieux en mieux.

Apprenez-les par cœur, petit à petit, semaine après semaine, puis, apprenez la suite d'affirmations d'une traite, comme si vous récitiez un poème de vingt lignes, la répétition va auto suggestionner votre subconscient, il fera écho dans votre esprit.

Sixième exercice

Le Brainstorming (« tempête d'esprit » traduit textuellement de l'anglais)

Notez sur une feuille blanche tout ce qui vous passe par la tête, forcez votre esprit, cela peut être tout et n'importe quoi, vous allez déverrouiller votre créativité, que ce soit des choses positives ou négatives, écrivez tout, votre journée, vos rendez-vous, ce qu'il se passe actuellement, ce qu'il s'est passé il y a un mois.

Ensuite, classez ce que vous avez noté en deux catégories (positif et négatif)

Puis, pour chaque élément de la partie négative, trouvez les aspects positifs, il y en a sûrement, il suffit de chercher un peu. Puis reportez tout dans la catégorie positive. Essayez de vous convaincre que vous pouvez dépasser ces événements, vous êtes plus fort moralement, relisez vos réponses jusqu'à vous en convaincre vraiment.

Septième exercice

Celui-ci se base aussi sur la respiration, il vous permettra en outre de garder le contrôle de vous-même. Dans une situation professionnelle ou en d'autres occasions stressantes, utilisez cette methodes :

Mettez la paume de votre main à plat, tournée vers le haut, et placez-la au niveau du nombril.

Inspirez lentement par le nez ! Remontez doucement votre main en même temps que vous gonflez vos poumons, arrêtez-vous à hauteur de la gorge, puis mettez votre paume dans l'autre sens.

Expirez doucement, et redescendez votre main en même temps jusqu'à la ceinture.

Faites-le trois à cinq fois, en même temps, faites le vide dans votre esprit. Cela devrait faire redescendre la tension.

Habitudes à adopter

« Puisqu'on ne peut changer la direction du vent, il faut apprendre à orienter les voiles. »
(James Dean)

Voici les premières choses que vous devez améliorer afin que votre tourbillon positive grandisse et que cela réduise l'autre.

Si vous voulez vraiment changer, il vous faut changer ses habitudes, elles ne sont pas inscrites dans la pierre et peuvent donc être modifiées. Pour transformer son monde extérieur, il faut modifier son monde intérieur. Un peu plus loin, je vous donne des techniques qui vous aideront. La perception que vous en aurez par la suite se ressentira en vous, et votre entourage verra une différence positive. En clair, vous serez une version de vous-même améliorée.

Dans un tout premier temps, réaménagez votre logement de façon que vous soyez à l'aise, un espace trop meublé donne le sentiment d'être trop à l'étroit, ouvrez les fenêtres et laissez entrer la lumière chez vous !

Supprimez vos habitudes de tout laisser traîner un peu partout, sur les tables, les chaises ou le canapé, faites du tri dans vos placards. Rangez vos papiers mettez-les dans des classeurs classés par thèmes et par date, ex : banque, loyer, électricité, téléphone.

Votre foyer est l'endroit où vous passez la plupart de votre temps, autant y être bien. Un logement bien rangé est le signe d'un esprit plus cohérent, vous y mettez de l'ordre

Vous remarquerez, quand vous rentrerez chez vous après une longue journée de travail, un état de bien être chez-soi. Ça l'est également pour les membres de votre famille ou amis qui viennent en visite chez vous, ils vous verront d'un œil nouveau.

Vous devez soigner votre environnement car il détermine ce que vous êtes. Celui-ci inclut vos relations avec les autres, les lieux que l'on fréquente, les programmes télévisés que l'on regarde, et son espace de vie.

Couchez-vous de bonne heure, ne soyez pas absorbés par les films à la télé ou autres distractions, même pour la lecture, ne lisez pas trop tard, votre organisme a besoin de se régénérer.

Si vous avez un réveil, programmez-le assez tôt en mettant un rappel, et surtout, ne le mettez pas à côté de vous ! Le réflexe est que vous l'éteindrez en vous disant « encore quelques minutes et je me lève ! », ces quelques minutes se transforment quelquefois en demi-heure voir plus. Éloignez-le de vous et programmez-le assez fort, cela vous incitera à vous lever.

Tous les matins, dites-vous cette phrase « chaque jour, j'avance un peu plus vers ma réussite ! », peu importe l'issue de cette journée, gardez en tête qu'il y a toujours du positif derrière le négatif, ne restez pas figé par ces pensées destructrices, créez de nouveaux rituels, de petites choses nouvelles pouvant améliorer votre quotidien. Oubliez le passé et changez ! Oubliez le futur et vivez dans l'instant présent !

Si vous ne savez pas quoi faire de vos journées, faites-vous un planning, et mettez-y des activités comme 1 h de lecture, 1 h de recherche d'emplois, fixez-vous des objectifs et tenez-vous en à cela. Allez à la rencontre des entreprises, si les réponses sont négatives, essayez de savoir pourquoi, demandez-leur des conseils, puis, améliorez ces points. Ne vous braquez jamais sur des refus, prenez enseignements, cela vous fera évoluer. Arrêtez d'être cette personne trop sûre d'elle, vous n'arriverez à rien sinon. La vie est un perpétuel apprentissage.

Améliorer son image

Selon comment vous vous habillez ou vous comportez, les autres, soit vous jugeront, soit vous croirez qu'ils vous jugent, vous vous sentirez complexés et mal dans votre peau, et bien entendu, cela se verra aussi sur votre visage.

Quant au comportement, ne cherchez pas les conflits, ou n'y répondez pas ! La violence attire la violence et cela ne rapporte rien de bon. Au contraire, si vous ne répondez pas aux situations conflictuelles, certains penseront que vous êtes faibles, mais en réalité, vous êtes forts, car vous avez le contrôle de vous-même, beaucoup n'ont pas cette capacité de respecter les autres.

L'indifférence est votre meilleur arme. Aussi, arrêtez de vous plaindre que tel individu « a dit que » en parlant de vous, cela leur donne une satisfaction de grandeur quand vous vous sentez écrasés par eux, ignorez-les, ne donnez pas l'importance qu'ils n'ont pas, certains sont bien contents de votre malheur quand vous y répondez.

Ne confiez jamais trop vos problèmes, gardez les pour vous et agissez pour surmonter les épreuves, ne doutez jamais de vos capacités à gravir des montagnes, l'ascension est dure, mais la satisfaction est grande une fois arrivé au sommet.

Vous devez être calme, souriant (pas un sourire forcé), aimables, serviablse, impassibles aux critiques et votre image vis-à-vis des autres s'améliorera.

Cela passe par des habitudes nouvelles qui requière une discipline stricte en vous-même, de se faire comme on dit « violence », comme de se lever tôt le matin, à cela, vous pouvez inclure la méthode d'Emile Coué qui consiste à prendre une cordelette à vingt nœuds, et en pinçant chacun d'entre eux, prononcez très distinctement « tous les jours, à tous point de vue, je vais de mieux en mieux », dites-le avec conviction, chassez le superflu, ne pensez pas à votre journée, juste, dites cette phrase vingt fois, Émile Coué recommande de le faire matin et soir.

Ensuite, incluez dans votre vie quotidienne de nouvelles habitudes. Faites une liste s'il le faut, apprenez à être aimable avec les gens en disant avec le sourire, bonjour, au revoir, merci, ces mots simples feront de vous une personne respectueuse.

Intéressez-vous davantage à la pensée positive et lisez beaucoup, cela est bénéfique pour vous.

L'enrichissement culturel

Aussi, vous pouvez vous adonner à la lecture, si vous n'y êtes pas habitués, alors, il y a un début à tout.

Dans vos lectures, il n'est pas nécessaire de tout connaître par cœur, cela doit être avant tout un loisir, et si un sujet vous intéresse, cela viendra naturellement, peut-être même que cela vous donnera des pistes pour votre avenir, car vous serez peut-être en osmose avec le ou les sujets.

Ces nouvelles habitudes s'intégreront dans votre tourbillon d'énergie positives et grandira et le second représentant le négatif se réduira. La lecture, inconsciemment, vous apportera l'inspiration qui vous manque, votre cerveau s'en imprègne, car il enregistre malgré tout ce qui capte votre attention. Faites travailler votre imaginaire, il sera votre meilleur allié et vous donnera des pistes sur votre avenir, faites lui confiance !

Vous serez alors moins complexés, et aussi, pour acquérir des connaissances plus techniques, pourquoi ne pas lire des livres de science, de politique ou de culture générale ? Vous y gagnerez en confiance en vous et dans vos dialogues entre amis et professionnels.

Si vous le pouvez aussi, faites des mots fléchés ou des grilles de sudoku, histoire de stimuler votre cerveau, cela vous incitera à réfléchir.

Regardez des émissions culturelles sur Discovery Channel ou National Géographic, cela enrichira os connaissances, et cessez de visionner des séries télévisées parlant de mort et de violence, cela obscurcit votre esprit.

Pas évident me diriez-vous, et pourtant avec de l'entraînement, nous pouvons y arriver, en conditionnant notre cerveau qui est devenu routinier à certaines formes de pensées.

Consacrer un peu de son temps à des activités est possible, ne me dites pas qu'en 24 h de temps, cela vous est impossible, donnez vous 1 h de temps à la lecture, si vous n'êtes pas habitué (je ne l'étais pas moi-même cela dit en passant !), vous verrez que cela vous fera du bien.

CHAPITRE 5 : AVOIR DES PENSÉES POSITIVES ET SE RECONSTRUIRE

« Pour atteindre la vérité, il faut une fois dans la vie se défaire de toutes les opinions qu'on a reçues, et reconstruire de nouveau tout le système de ses connaissances. »
(René Descartes)

Transformer le négatif en positif, nos faiblesses en forces Il m'a fallu longtemps avant de comprendre cela, pourquoi ai-je perdu autant de temps à puiser ma force dans mes faiblesses. Il faut cultiver une discipline pour s'auto corriger, car j'ai compris que celui qui pouvait vraiment m'aider, c'est avant tout moi-même.

Afin d'étayer mes propos, laissez-moi vous raconter un peu mon histoire. J'ai connu comme vous des moments tristes, mais aussi des moments joyeux, dans tout ce que j'ai vécu, j'ai su trouver une force intérieure, cela passe par des retours en arrière et des relativisations des situations, si je n'avais pas connu certains événements dans ma vie, je n'en serais pas là où j'en suis, sur ces lignes de ce livre.

Dans ma vie, et dans presque toutes les situations, consciemment ou non, j'ai pu y trouver une force intérieure qui m'a permis d'avancer, et avec le temps, je me suis rendu compte de l'utilité des événements passé, la vie nous met à l'épreuve, soyons digne d'elle.

Ne pas regarder son passé, sinon que pour en tirer le positif, culpabiliser pour des erreurs passées ne sert à rien, nous plongeant dans les regrets, ce qui est fait est fait, mais ne vous en faites pas ! Car les choses peuvent changer dès maintenant, je vais vous y aider !

C'est ce que m'a appris la vie, à me relever, comme quand on tombe de vélo, être capable de se remettre en selle, et en gagnant en confiance.

Dans le fond, nous nous ressemblons tous dès la naissance, nous ne sommes ni bons, ni mauvais, seulement, nous avons tous un vécu qui nous a amené là où nous en sommes, ce que nos parents et fréquentations nous ont inculqué en intoxiquant notre esprit dès le plus jeune âge.

Nous avons fait de nombreuses rencontres, des personnes qui nous ont soutenu, d'autres rabaissé, il y a eu des moments de joies et de colères, nos sentiments ont toujours oscillé, ce qui fait la personne que nous sommes maintenant.

Il faut avoir à l'esprit que tout n'était pas si mauvais qu'il y semble être, si nous n'avions pas rencontré certaines personnes, nous n'aurions pas appris ces sentiments qui sont, la jalousie, la motivation, la tolérance, ou l'amour.

Concernant les personnes qui vous critiquent ou vous écrasent, soyez reconnaissants envers eux, car elles vous ont donné une force intérieure, celle qui n'a pas encore été exploitée, et dont personnellement, j'ai déjà fait usage, cette force qui vous pousse en avant, qui vous propulse et vous donne de l'énergie, cette force, c'est celle de se battre, non pas en donnant des coups, mais en utilisant sa tête.

S'agissant de la jalousie, il y a des gens qui vous envient que vous le croyez ou non, et qui feront tout pour vous déstabiliser en cherchant vos faiblesses. Apprenez à être impassibles, sachant d'où cela vient, cela ne doit nullement vous affecter.

Vous devez penser à vous et à votre réussite

Être responsable, ce n'est pas rejeter la faute sur les autres ou inversement, c'est avoir conscience de ses propres erreurs et tenter d'y remédier, assumer ses actes en toutes connaissances de causes, même cet être toxique qui vous tient sous sa coupe, qui vous met une épée de Damoclès sur la tête. Par pitié, ne vous sentez plus coupable à cause d'eux.

VOUS êtes responsables de vous-même, tout comme EUX le sont aussi. La vie est un long apprentissage, il y a des épreuves qui sont nécessaires pour nous rendre plus forts encore.

Pour mettre une image sur mes propos, est ce que, quand vous étiez à l'école (ou au lycée), vous recopiiez sur vos camarades de classe ?

En ayant ce type de comportement, sans rien apprendre par vous-même et en reproduisant tout ce que font les autres élèves, vous risqueriez de « sécher » lors des examens. Seulement, il est trop tard, sur votre bureau se trouve un sujet de baccalauréat de 20 pages annexées sans en comprendre un traître mot de tout ce qui est écrit dedans. Le seul responsable, ce sera vous-même.

C'est certain, personne ne le fera à votre place, il faut être capable de prendre « à bras le corps » les épreuves, c'est ce qui vous rend plus fort, ce qui vous consolide pour votre avenir.

Je vous offre quelque chose de précieux et d'unique concernant le développement personnel, tout d'abord, un savoir basé sur mes propres expériences, il m'a fallu puiser au fond de moi pour écrire ces lignes, de trouver chaque jour l'inspiration issue de la vraie vie, bien-sûr, j'ai étudié bon nombre d'ouvrages sur le sujet, il me fallait me comprendre moi-même pour comprendre les autres.

Les gens sont seulement ce que vous voulez qu'ils soient pour vous, c'est-à-dire, la perception de ce que vous en pensez sans chercher à comprendre au-delà le vrai problème, au risque de vous choquer, laissez-moi vous poser une question, et si le vrai problème, c'était vous ? Ou plutôt, je dirais, votre esprit d'analyse, car le cerveau enregistre des informations erronées dès l'enfance, de la part de vos parents s'ils ne vous ont pas appris à respecter les autres, et de la part des fréquentations que vous avez eues, qui vous ont bombardé l'esprit d'idées reçues et saturé de mauvaises pensées jusqu'à maintenant.

On vous a appris ce qu'il fallait faire et ne pas faire, à juger les autres, à respecter les personnes âgées.

Toutes les personnes qui vous ont entouré vous ont amené dans leur environnement, dès tout jeune, vous en faites partie. Vous êtes entraînés dans cette spirale qui tourne dans le mauvais sens.

Vous avez eu une éducation avec beaucoup d'interdits, ce qui n'est pas toujours une mauvaise chose, mais qui vous freinent dans votre élan, en ayant reçu un mauvais traitement des informations dans votre esprit.

On vous a appris à avoir peur au quotidien de la misère et de la précarité, et on vous a imposé des règles de vie en société, à comment gagner sa vie et à rester dépendant. Vous avez été intoxiqués par les médias.

On vous a enseigné le doute avec toujours une personne derrière vous pour vous montrer comment faire dans des circonstances où vous auriez pu apprendre par vous-même, ce qui vous a créé le sentiment de ne pas oser essayer par vous-même.

La nature humaine voudrait qu'un individu soit ancré dans le paradigme collectif, il ne s'agit pas d'un groupement organisé à la base, ce sont vos croyances et vos attitudes qui se sont façonnées à cause d'une seule et unique personne, vous avez simplement fait le reste, Si vous croyez qu'une personne est contre vous, cela vous donne le sentiment que tout le monde l'est. Vous l'avez fabriqué.

Il y a aussi la sociabilisation de son milieu environnant qui vous donne des habitudes (bonnes ou mauvaises), pour faire comme les autres, à boire, à fumer ou se droguer.

Comme la théorie des dominos, chaque action en entraîne une autre, l'humeur des autres agit sur vous, par exemple quand quelqu'un s'énerve contre vous, donc, vous êtes énervés.

Un climat malsain entraîne l'attractivité des pensées négatives, et peuvent se lire sur le visage, vous rougissez, froncez les sourcils, bref, vous ne vous sentez pas bien.

Je parle de phénomène d'attractivité car les pensées négatives agissent comme des aimants, son environnement affecte notre humeur, notre esprit capte ses ondes comme une éponge qui se remplie d'eau. Après cela, il n'est pas étonnant de voir, ce dont je parlais auparavant, des cycliques avec une grande spirale d'énergie négative, et une petite spirale d'énergie positive.

Les cris d'enfants, les disputes, notre humeur, tout ce qui nous entoure, nous y prenons trop d'attention, nous obligeant à suivre le sens inverse des aiguilles d'une montre, une mauvaise direction en étant convaincu que c'est la bonne, je vous répondrais FAUX, sans le réaliser vraiment, vous suivez uniquement tout ce que l'on vous a appris, et c'est loin d'être le bon chemin.

Aussi, inconsciemment, vous trimballez avec vous cette mauvaise énergie dès que vous sortez de chez vous et que vous rencontrez des personnes, la communiquant à votre tour à eux.

Il y a un moyen de sortir de ces habitudes, de ce cercle vicieux. En cultivant des comportements adaptés à la positivité et ainsi se créer le climat adéquat qui vous remettra sur la bonne voie.

Personne n'est destiné à échouer, je dis bien personne. Ce sont des idées reçues, vous n'êtes nullement sur le coup d'un mauvais sort et il n'existe qu'au moment où vous y croyez !

Le mental s'entretient, et un bon état d'esprit aide dans un premier temps à voir la vie du bon côté.

Tout est histoire de convictions, chacun est libre de valider ou non mes dires, mais dans votre intérêt, je vous conseillerais de le faire.

J'ai lu suffisamment sur le sujet avec différentes approches de la pensée positive, en passant par le spirituel et le religieux, toutes mes connaissances sur le sujet ramenant au même point, celui d'attirer vers soi les bonnes choses

On attire à soi ce que l'on envoie, autrement dit, on récolte à soi ce que l'on sème, si c'est du positif que l'on donne, il faudra s'attendre à du positif, si c'est du négatif, nous récoltons le négatif, en ce sens, les lois du karma sont universelles, que ce soit en donnant à quelque chose ou en pensant à quelque chose.

Cultivez en vous des pensées saines ! Effacez en vous tout ce qui peut être néfaste, les pensées que vous aurez ne devront pas avoir une finalité négative, c'est-à-dire, si vous pensez gagner de l'argent dans le but d'épater votre entourage, cela ne fonctionnera pas !

Au contraire, si vous voulez gagner de l'argent dans le but d'aider les autres, ou pour son confort personnel, vous voulez le faire pour changer de vie dans un autre environnement, cela a déjà plus de chances d'être cohérent.

Penser aux choses positives, cela se travaille ! Il ne suffit pas seulement d'y songer, mais de s'imprégner de ce celles-ci.

Sans trop revenir en arrière, il faut améliorer son environnement, ses fréquentations, transformer toutes les situations négatives en positives, se dire qu'heureusement que vous en êtes là avec la vie que vous avez eue.

Il faut aussi arrêter de s'apitoyer sur son sort et de se dire que dans sa situation, ce n'est pas si mal et que l'on peut toujours rebondir, rien n'est gravé dans la pierre, derrière les nuages, il y a toujours le soleil.

Pour vous y aider, il existe des méthodes, dont l'une que je vais vous donner est issue d'un livre que j'ai lu sur le sujet pour la première fois, « La puissance de la pensée positive » de Norman Vincent Peal, il s'agit de l'auto-conviction, comment cela fonctionne ? Pensez à quelque chose très fort comme si vous la possédiez déjà. Une autre est la faculté de toujours garder l'esprit au-dessus de la ligne.

Imaginez une ligne avec en dessous le négatif, et au-dessus, le positif. Restez toujours sur la ligne du haut et cela quoi qu'il arrive.

La notion de « manque »

Il faut réorienter ses pensées sur des notions d'abondance, regardez ce que vous avez déjà et appréciez chaque chose pour ce qu'elles sont. Regardez aussi votre parcours, vous êtes encore en vie et je l'espère en bonne santé. Vous avez une famille aimante, des personnes vous apprécient pour ce que vous êtes, rendez-leur la pareille.

Pour ce qui est de vos envies et désires, ils sont aussi synonymes de manque. Vous avez besoin de telle ou telles chose(s), mais vous vous dites que vous n'en avez pas les moyens.

Vous devez avoir des pensées de « possibilité d'obtenir », faire comme si c'était en train de se produire, comme si l'objet de votre désir était déjà en votre possession.

Imaginez-vous dans une autre vie, comment l'imagineriez-vous ? Qui vouliez-vous être ?

La magie est en nous

Comme précisé auparavant dans cet ouvrage, il ne s'agit pas d'un livre de magie, mais il possède le pouvoir de faire réagir votre subconscient, pouvant transformer vos rêves en réalité.

Il existe un fabuleux pouvoir, celui de la maîtrise de ses pensées et de la concrétisation.

Nous pouvons attirer à nous tout ce que nous désirons, selon la loi de l'attractivité. Attention, il y a des conditions à cela, la matérialisation ne fonctionne pas si vos pensées sont accompagnées d'un sentiment de besoin absolu ou pour satisfaire son égo.

Il est essentiel de penser que tout est déjà à notre portée, ou que nous possédons déjà l'objet du désir, et aussi, se satisfaire du nécessaire (comme dirait Baloo dans « le livre de la jungle »), soyez déjà heureux de ce que vous avez, si quelque chose de mieux doit arriver, cela arrivera sans forcer. N'obligez pas les forces extérieures à vous donner ce que vous souhaitez, mettez votre impatience de côté, votre désir est gravé dans votre subconscient, oubliez-le ! Et le travail de matérialisation se réalisera.

Nous obtenons toujours ce que nous désirons quand nous laissons derrière nous nos envies et nos espérances, c'est un phénomène qui s'appelle « la onzième heure », quand plus rien n'entrave les énergies de circuler en vous.

Pour imager mes propos, imaginez une porte battante, quelqu'un veut passer en la poussant, mais si de l'autre côté vous voulez passer en poussant également, vous bloquez la personne derrière celle-ci, et vous ne passez pas vous aussi. C'est aussi simple que cela. Les énergies positives ne peuvent circuler si vous, de votre côté, vous bloquez l'accès avec votre empressement de voir les choses se réaliser.

L'équilibre des énergies

L'une des leçons à retenir aussi pour la matérialisation de nos désirs est concernant l'harmonisation est le don de soi, l'univers doit trouver son équilibre et chaque individu que vous rencontrez est une prolongation de vous-même, tout comme la nature.

Le poids d'une balance ne doit pas peser que d'un seul côté pour obtenir l'objet de vos désirs, il faut aussi donner quelque chose en échange, cela peut être un don spirituel ou matériel.

La question est « que donnez-vous en échange ?», il y a des lois, des règles à respecter, l'acte doit être désintéressé et non « dans l'attente de » ou « dans l'espoir de », il faut donner avec son cœur.

Il doit rester dans l'esprit karmique qui consiste à recevoir ce que l'on donne, les individus sont des prolongations de vous-même, il faut être dans l'esprit de celui ou de celle à qui vous donnez.

« L'autre » c'est « vous » dans le miroir quantique, ressentez son sourire quand vous offrez quelque chose, c'est comme vous donner quelque chose à vous-même.

Anecdotes personnelles

Un jour, j'ai joué à un jeu de hasard dans un bureau de tabac. Sur le guichet, il y avait une urne pour faire un don à une personne handicapée qui voulait s'offrir un véhicule adapté.

J'ai gagné 2 € sur les 1 € joués, la buraliste voulait que je rejoue, j'ai refusé, récupéré les gains et je les ai déposé dans l'urne.

La morale à retenir, quand nous jouons aux jeux de hasard, est que si les circonstances nous font gagner une somme d'argent, telle qu'elle soit, il faut la recevoir avec gratitude, et cette gratitude doit être partagée.

Avec cette logique, il m'est arrivé de gagner de grosses sommes d'argent, et je partage toujours ma gratitude envers les événements de la vie.

Il faut toujours offrir comme si c'est nous qui recevions ce présent.

Voici une autre histoire personnelle qui me revient à l'esprit, et qui montre que le karma peut agir aussi dans le sens inverse.

En 2004, je fis l'acquisition d'un beau monospace pour 1000 €. Elle a roulé pendant deux ans, puis une nuit, sur le parking de la résidence où je vivais, un individu m'a crevé les quatre pneus.

La voiture est restée un moment sur le parking, puis un beau jour, je vois un mot sur l'essuie-glace du monospace, au début, j'ai cru que c'était parce que le véhicule gênait mais il n'en était rien !

Une personne de mon voisinage était intéressée par le monospace, il voulait me l'échanger contre une BX ou une 405, les deux véhicules étant en diesel. Celui qui offrait un de ces véhicules était garagiste, et il en prenait soin.

J'ai accepté, et peu de temps après, je me rendis à son garage pour un nettoyage d'étriers arrière, le contrôle technique n'était pas passé à cause de cela.

Avec beaucoup d'amertume, il me confia que le véhicule que je lui avais échangé comportait des problèmes et le joint de culasse était à refaire. Le monospace en question, selon lui, valait moins de 1000 €.

Il m'avait échangé, contre mon monospace, un véhicule qui m'a servi pendant au moins 5 années sans encombre.

Le lendemain où j'ai vendu ma 405, c'était presque offert car l'acheteur m'avait forcé un peu la main pour descendre le prix, le moteur lâcha, alors que la veille, il tournait très bien.

S'il y avait une morale à cette histoire, c'est que les intentions néfastes se retourneront toujours contre nous, c'est la loi karmique, personne ne peut y échapper, nous faisons tous partie d'un tout.

Toujours suivre ses intuitions

Elles doivent venir de vos cinq sens, ce que vous voyez, touchez, entendez, sentez ou goûtez, il n'est pas nécessaire que tous les sens fonctionnent en même temps, ce sont des référents, des guides dans votre vie qui parlent à votre cœur. Vient ensuite le dilemme entre la passion ou la raison, mais ce dernier comporte des freins, engendrée par ce que l'on vous a souvent enseigné et interdit, la curiosité de vos sens en a été altéré.

Je compte énormément sur votre talent d'observation, remarquez autour de vous ceux qui réussissent, prenez exemple sur eux, tirez enseignement de ceux qui sont parvenu à un haut niveau de leur vie, et faites comme si vous étiez eux, au niveau des gestes et des habitudes, et surtout, essayez de les fréquenter pour vous aligner sur leur façon de penser.

Regardez des vidéos au sujet de personnalités disposant d'une forte notoriété, et imaginez être à quelques mètres d'eux. Cela peut être Bill Gates ou Steven Spielberg, ce sont des personnes qui ont suivi leur intuition, vous entamerez une discussion avec eux, connaissant leurs gestuelles, leurs paroles, imprégnez-vous de cela.

Imaginez ensuite être dans leur peau et voyez le monde avec leurs yeux, comment le verraient-ils ?

Les colifichets

La vraie magie est en vous, elle ne se trouve nullement dans les colifichets ou gris-gris que l'on vous vend dans les marchés, il n'y a pas de pierre de chance, il n'y a jamais eu de statuette aux soi-disant pouvoir, il n'y a jamais eu de potion miracle (non, mais sérieusement, vous y croyez à ça ?) et je ne le dirais jamais assez, méfiez-vous des vendeurs de rêves ! Vous y laisseriez votre argent, votre santé mentale, et je considère ces personnes comme dangereuses pour vous.

Ne croyez jamais quelqu'un qui vous proposera de gagner beaucoup d'argent ou d'augmenter ses revenus par des « trucs et astuces » que l'on voit sur internet ou ailleurs. Bien-sûr qu'ils peuvent affirmer que cela a marché pour eux………grâce à votre argent et votre naïveté, ils s'enrichissent, c'est certain.

Les jeux de hasard

Vous vous demandez pourquoi vous ne gagnez pas (ou rarement) de grosses sommes d'argent au loto ou autres, la réponse est simple, vous souhaitez gagner une grosse somme, mais cette volonté est synonyme d'un manque, d'un besoin d'argent plus ou moins urgent, vous faites de la projection consciente, jouer dans l'espoir de vois se réaliser vos désirs, alors que celui-ci bloque vos énergies, sans les laisser entrer librement, d'où l'importance de vivre l'instant présent sans se soucier de savoir si vous allez gagner ou pas, ne faites pas trop de pronostics hasardeux. Jouez pour le plaisir et gardez un bon état d'esprit, et non pour satisfaire un manque.

Dites-vous que vous avez déjà reçu cette somme d'argent dans votre esprit et qu'elle est déjà dans votre banque spirituelle, dans le monde que vous vous êtes créé.

« J'ai appris que le courage n'est pas l'absence de peur, mais la capacité de la vaincre. »
(Nelson Mandela)

Trébucher pour mieux se relever

Si vous aviez la possibilité de vous voir avec un œil extérieur, qui découvririez-vous ? Seriez-vous capables de vous raisonner vous-même ? Si l'égo reste identique, ce sera difficile, il vous faudra un électrochoc pour changer, laissez la vie s'en charger, et vous comprendrez, c'est un bon conseil.

Il faut tomber de son piédestal pour comprendre que finalement, nous n'étions qu'à seulement quelques centimètres du sol, alors qu'on se croyait sur un gratte-ciel.

Si la vie nous met à l'épreuve, on doit l'accepter comme des défis à relever, votre vraie force est dans la difficulté et non dans le confort platonique de la peur de l'échec, vous tomberez, c'est certain, mais la récompense est grande quand nous nous relevons. Une leçon apprise nous mène à la suivante.

C'est juste là, à la portée de vos mains, enlevez le gros bloc de vos doutes et de vos peurs. Ne dormez plus sur vos lauriers, agissez que diable !!!

« Travaillez ! Prenez de la peine de la peine !
C'est le seul fond où il manque le moins »

(Jean de la Fontaine/ Le laboureur et ses enfants)

Je vous recommande de lire cette fable et de méditer dessus.

S'il est vrai que tout travail mérite salaire, l'inverse est tout aussi valable, on n'a rien sans rien, peu d'espoir que tout tombe du ciel. Lire mon livre en restant tranquillement sur le canapé ne vous apportera rien sans l'investissement personnel, ce n'est pas un recueil de magie, il ne sert qu'à ressortir que tout ce qui est déjà en vous, dans votre subconscient, il vous donne les références en matière de développement personnel, comprenez bien cette nuance.

La loi de l'attraction demande énormément d'investissement personnel, et les épreuves de la vie doit être considérées comme des indices pour tout ce que vous désirez, nous ne devenons pas rois sans combattre (même s'il en a eu par successions et filiations me diriez-vous).

Il y a des équilibres à respecter, il faut donner pour recevoir, n'attendez pas que tout arrive tout cuit à vous. La contrepartie est un investissement personnel, une autodiscipline rigoureuse, avoir la capacité de se faire violence et d'intégrer ces habitudes à son cercle de vie .

CHAPITRE 5 : AMÉLIORER SON RELATIONNEL

« En faisant scintiller notre lumière, nous offrons aux autres la possibilité d'en faire autant. »
(Marianne Williamson)

La solution est en vous

Difficile à croire dit comme ça, et pourtant, vous avez, depuis que vous êtes tout petit, jeté la source de vos problèmes sur les autres, alors qu'en réalité, une grande partie du problème, c'est vous, et le reconnaître, c'est déjà faire un pas en avant vers le succès.

Je m'explique, que vous aviez eu des remarques ou des critiques désobligeantes étant enfant, ou que l'on vous a rabaissé, rien ne vous obligeait à y croire ou d'apporter de l'importance, mais votre jeune âge, vous a rendu naïf, en pleine période de croissance et de soif de connaissance, on vous a noyé le cerveau d'informations fausses.

Ce qui peut paraître assez paradoxale, c'est aussi que toutes les personnes que nous rencontrons dans notre vie, et qui ont une influence néfaste sur nous, ont eu une instruction, un flot d'informations faussées, ils ne font que projeter sur vous leurs expériences.

Vous comprenez alors que, quelque part, vous n'êtes pas tout à fait vous-même, vous ne brillez pas de votre authenticité, mais ne faites que reproduire inconsciemment tout ce que vous ont appris les gens dans votre vie.

Vos jugements sur tel ou tels individus sont altérés ce qui fait que vous les percevez soit bonnes, soit mauvaises, selon ce que l'on vous a appris. Ils vous renvoient l'image de vous leur donnez.

Pour vous donner un exemple, quand vous vous mettez à être gentil et aimable, vous donnez une image de quelqu'un d'agréable et fréquentable ou dans le pire des cas, vous serez vu comme quelqu'un de naïf, au contraire, si vous donnez une impression de méchanceté, à insulter tout le monde, à rabaisser, pour certains, vous passez pour un dur, pour d'autres, vous êtes un être malveillant.

Nous sommes tous bâti dans le même moule à la naissance, nous avons tous des parcours différents, ils peuvent êtres similaires ou proches aussi, notre vision du monde extérieur est contrariée, difficile de définir qui vit à son propre rythme, ou qui vit au rythme des autres.

Ce qui nous rassemble et nous ressemble, ce sont nos émotions propres organiques, quand notre cœur bat la chamade quand nous sommes amoureux ou enthousiastes, ou quand les nerfs s'agitent quand nous sommes énervés, nous donnant à tous un sentiment de bien-être ou de mal être.

L'esprit sait faire la différence entre les deux, mais nos conceptions erronées par notre culture de vie, nos enseignements, nous donnent les mauvais signaux.

Personnellement, j'ai été très bien éduqué, il y a eu toujours auprès de moi mon père et ma mère qui fut des exemples. Fils d'ancien combattant d'Indochine, j'ai toujours cultivé cette fierté, et j'ai une mère qui m'a enseigné les valeurs fondamentales, le respect, la dignité et la gentillesse. Ce qui a sensiblement modifié ma personnalité, c'est le monde extérieur, une autre forme de culture de vie, à être aigri, nerveux, anxieux, le monde extérieur avec ses bruits et sa violence. Ce qui a fait la personne que je suis.

Le plus grand travail à faire est de se faire une auto-analyse pour comprendre pourquoi les gens agissent d'une certaine façon avec vous.

Certes, la plupart des individus jugent sans connaître, inconsciemment, vous en faites autant, même si vous êtes persuadés du contraire.

Dans le fond, qui êtes-vous réellement ? Nous avons tous l'habitude de nous percevoir comme quelqu'un de bien ou de mauvais, d'extraverti ou d'introverti, mais le signal qui définit qui vous êtes est le regard que les autres portent sur vous.

> **« Attendez que l'on critique votre personnalité, mais n'attendez pas qu'on vous dicte qui vous êtes. »**
> **(Mahamat Haroun)**

Il est nécessaire de sortir de son nombrilisme et s'intéresser aux autres, si vous croyez être un centre d'intérêt et que vous attendez que les gens s'intéressent à vous, vous vous trompez, nous sommes tous bâtit d'un même moule, et ceux que vous croisez dans la vie sont exactement comme vous, ils ont besoin d'être considérés, estimés.

D'une manière imagée, quand vous parlez à un ami, vous êtes cet ami, avec les mêmes attentes, vous n'êtes pas si différents des autres dans la mesure où vous aimez être appréciés, en quoi ce serait différent pour eux ?

Faites-le teste, portez votre attention sur les autres, et quoi qu'il en soit, vous ne plairez jamais à tout le monde, mais à la majorité, ce qui est déjà bien, vous deviendrez une personne altruiste et ils auront une bonne opinion de vous. La perception de votre entourage s'en trouvera changé.

Ne faites pas ceci dans l'attente de recevoir, cela doit être un acte gratuit et désintéressé, cela doit venir du cœur.

Qui êtes-vous réellement, posez-vous cette simple question vis-à-vis des autres, quelle image croyez-vous donner ?

Je vais vous proposer un exercice basé sur l'observation.

Regardez tout autour de vous et remarquez les comportements des individus, ceux qui vous observent, d'autres dans leurs pensées, quand vous observez quelqu'un, regardez l'éclat de son regard, son air joyeux ou triste, voir en colère, écoutez l'intonation des voix, n'intervenez pas, et faites fonctionner vos cinq sens.

Analysez sans jugement, devinez leurs attitudes sans que ce soit conviction acquise.

La majorité des gens passent leur temps à juger alors qu'il serait simple de se regarder en face, de voir qui ils sont par rapport à nous. Vous n'avez pas enfilé leurs baskets et ne savez pas ce qu'ils ont traversé, en fait, vous ne savez rien.

Quant aux « on dit », ne les écoutez pas trop, demandez-vous pourquoi ils vous racontent ceci au sujet de telle personne et ne laissez jamais les ragots altérer vos pensées.

Les convictions

Chacun vit avec ses convictions, celles de croire ce qui est juste selon nous, avec ou sans écouter les autres, et pourtant, c'est une grave erreur de vivre pour soi, il est nécessaire d'en tirer les enseignements, tout ce qu'une personne vous dit à son sujet (mettez de côté ce que disent certains en parlant des autres, vous n'êtes même pas sûr que ce soit vrai). Apprendre des autres fera de vous un leader, une personne altruiste.

Posez-vous aussi les bonnes questions, quand par exemple vous « rendez service » cela dit en passant, pour quelqu'un, est ce que vous le faites gratuitement, ou vous le faites avant tout pour votre égo, qu'est-ce que cela va vous apporter ? La reconnaissance, certes, mais cela ne fera jamais de vous quelqu'un d'authentique.

Faites-le sans attendre que l'on vous « offre une médaille », cela doit venir avant tout du cœur, si vous n'avez pas envie, alors, ne le faites pas.

Un bon leader agit avec son cœur, une attention désintéressée, la clé est ici pour un confort relationnel, c'est l'altruisme, offrir du bonheur aux autres sans rien attendre en retour, mis à part un grand enseignement.

Chacun d'entre nous avons quelque chose à apporter dans ce monde et particulièrement à vous-même.

Écouter les joies et les peines, s'intéresser pour être intéressant et non pour « faire son intéressant »

Je vous recommande le livre de Dale Carnegie « Comment se faire des amis », il vous apprendra comment améliorer ses relations aussi bien au travail, avec des amis ou en famille.

PARTIE III : MISE EN PRATIQUE

CHAPITRE 6 : ANALYSER SES PROJETS

« N'abandonnez jamais parce que vous ne savez jamais ce que la marée apportera le lendemain. »
(Tom Hanks)

Dans la vie professionnelle

Ne connaissant pas la situation de chacun, que vous soyez avec ou sans emploi, je vais essayer d'adapter cette section pour tout le monde, car ce livre se veut tout public.

Pour ceux ayant un emploi, êtes-vous heureux dans votre travail ? Et est-ce que les relations avec vos collègues sont bonnes ? Réfléchissez à ces questions et faites le point sur votre activité professionnelle, quand vous arrivez, vous avez une sensation de lourdeur morale et vous avez peu d'entrain à venir travailler.

Vous arrivez un peu plus tôt pour prendre votre café et vous vous y mettez rapidement, toujours à regarder votre montre ou la pendule derrière vous, c'est donc que vous prenez votre travail avec beaucoup d'amertume, votre motivation pour venir travailler est seulement d'avoir de quoi payer vos factures, vous vous sentez pris au piège.

En relativisant, ce qui a été le cas pour moi, c'est qu'à côté de ça, vos factures sont payées grâce à votre emploi. Ce qui laisse à votre esprit du temps de répit pour changer de direction. N'est-ce-pas merveilleux ?

Votre salaire vous donne accès aux loisirs, lire apprendre, faire des activités physiques ou spirituelles, le tout est de profiter de cette situation de sécurité pour garder l'esprit libre.

Être dans une situation professionnelle offre des possibilités de sortir du système, certains font l'erreur de rester dans cette situation de confort alors que leur vie pourrait être tout autre, vous apporter le maximum.

Si vous vous sentez mal à l'aise dans votre travail, c'est qu'il n'est tout simplement pas fait pour vous, cherchez une autre voie, allez dans ce qui vous aspire sans relâche, suivez vos intuitions, laissez votre cœur vous guider et tentez toujours d'y parvenir, ne vous freinez pas aux difficultés, la réussite est semée d'embûches pour voir si vous êtes à la hauteur, et inconsciemment, vous l'êtes.

Pour les personnes sans emploi, la réponse est simple, c'est que vous n'avez pas encore trouvé dans votre voie par manque de moyens de vous déplacer, d'expérience ou de diplômes. On vous propose des métiers que vous avez tendance à refuser, car ce n'est pas votre domaine.

Et pourtant, si on vous propose un emploi, même s'il ne vous plaît pas, vous n'êtes pas enfermé dans une cage, il y a toujours moyen de s'en sortir, je vous conseillerais de le prendre ne serais ce qu'un temps pour vous retourner, le temps pour vous de vous former et de se documenter.

Anecdote personnelle

En 2000, j'étais employé chez BOUVERAT INDUSTRIE à Marnaz en Haute-Savoie, je voulais reprendre le circuit scolaire, j'ai vécu bon nombre d'échecs mais le temps jouait en ma faveur, j'ai profité de ma situation pour me renseigner et me documenter auprès du Centre d'Informations et d'Orientations sur les possibilités pour reprendre des études.

La femme en face de moi a été très gentille et attentive, elle m'a donné la marche à suivre pour retourner au lycée et ainsi passer mon Baccalauréat Professionnel en Comptabilité par une voie qui s'appelle la session récurrente, j'avais quatre ans de retard par rapport à mes futurs camarades de classe, dans le fond, je ne voyais pas trop cet écart, étant fixé sur mon objectif.

Ce qui m'a sauvé, c'est mon acharnement, le refus de la fatalité et mes croyances en la réussite, d'avoir pris le temps de bûcher, de potasser énormément de livres, et aussi, pour avoir suivi pendant une période une formation à distance à l'École Française de comptabilité.

L'ancrage spirituel

Quand votre plan de vie est dressé, il faut vous forger certaines habitudes, se faire parfois violence, car votre état d'esprit vous fera renoncer, rappelez-vous, j'ai évoqué le fait qu'il fallait absolument garder des pensées positives et de faire comme si ceci vous était déjà acquis, à portée de main.

Ancrez-vous dans un projet sans procrastiner ou être velléitaire, gardez le cap !

Christophe Collomb, avant de découvrir San Salvador a dû traverser des mers agitées, tout en gardant un œil sur l'horizon, il avait un but et il y croyait très fort, ce qui ne fut pas le cas de son équipage, très agité et apeuré, il a pris le navigateur pour un fou, mais Christophe restait impassible et déterminé, la terre promise, ce qu'il croyait être l'Inde, était sa destination.

Prenez exemple sur de nombreux personnages de l'histoire, ils ont avancé grâce à leur force de conviction, et n'ont jamais abandonné face à l'adversité.

Dans la bible, il est écrit que nous devons rester sur la route, de ne pas nous en détourner, ni à gauche, ni à droite de son chemin, malgré les montagnes, les rochers, les sables mouvants, vous devez avoir la foi.

L'important, n'est pas le voyage, mais la destination, gardez les yeux rivés sur l'horizon et vous verrez un jour au loin votre terre promise.

Vos compagnons de voyage votre conviction, votre force intérieure et votre sérénité.

Si je puis vous donnez quelques conseils sur le sujet, n'écoutez personne vous déstabiliser, comme dit plus haut, il y aura toujours quelqu'un pour vous critiquer, même quand vous aurez réussi votre vie, c'est une quasi-certitude, car nous disposons tous d'un égo , vous, moi, ou les autres, tout le monde veut la première place, mais il n'y a qu'une place, quand une personne n'aboutit pas dans ses projets, il jalouse ceux qui y arrivent, c'est immanquable.

Surtout dans le pire des cas, où bon nombre d'individus vous en croyait incapable, ceux qui vous ont diminué, critiqué, vous voient réussir, alors qu'eux-mêmes n'y arrivent pas, ou n'essayent pas. Mais que dire finalement ? Cela n'engage que vous que vous réussissiez, il s'agit de vous seul, votre avenir est entre vos mains, n'ayez jamais peur d'avancer à cause des autres, sinon, vous le regretterez à la fin de votre vie, et à ce moment-là, il sera trop tard.

Concentrez-vous sur votre (ou vos) objectif(s) et surtout documentez-vous et lisez beaucoup. La lecture d'ouvrages sur des thèmes qui vous plaisent ainsi que des émissions documentaires peuvent vous y aider.

« Il est dans la nature humaine de se tromper, persévérer dans l'erreur est un vice »

L'erreur, à proprement parler, c'est de croire que nous n'en commettons pas, croire que la perfection n'est pas de ce monde est le commencement de la sagesse, il faut aimer ses imperfections, les reconnaître pour s'améliorer.

La perfection a des aspects subtils, c'est d'adhérer à ses qualités, mais aussi à ses défauts, surtout vis-à-vis des autres.

CHAPITRE 7 : FRANCHIR LE PAS ET OSER

« Dans la vie on ne fait pas ce que l'on veut mais on est responsable de ce que l'on est. »
(Jean-Paul Sartre)

Un jeune homme voulait devenir pilote, malgré ses rêveries, rien ne se passait, pas de signe du destin, ce qui a changé sa destinée, c'est qu'il est allé se renseigner sur des cours de vol, les tarifs, il a même pris des ouvrages sur l'aviation.

Il a mis toutes les conditions de son côté, même visiter les aérodromes, et y allait si souvent qu'il se fit remarquer par un mécanicien travaillant dans l'un d'entre eux et qui se demanda ce qu'il faisait ici.

Le jeune homme lui raconta tout, et qu'il était très passionné par l'aviation, mais qu'il n'avait pas les moyens de se payer des cours de vol, faute d'emploi.

Le mécanicien réfléchissait un moment et lui proposa de revenir le lendemain à cinq heures.

Notre personnage passa la nuit à ne pas fermer l'œil de la nuit tellement il était angoissé, ne savant pas à quelle sauce il allait être mangé, il avait peur de rater le RDV.

Vient le jour « J », il se présenta à l'aérodrome très anxieux, rencontra le mécanicien de la veille, mais ce qu'il lui proposa, ce n'était pas des cours de voltige, mais de nettoyer son atelier, il s'y engagea à le faire chaque jour.

Quelques semaines plus tard, le mécanicien décida de le prendre comme apprenti et lui proposa de lui apprendre tout ce qu'il faut savoir sur les avions.

Un jour, il fut surpris de trouver sous une bâche poussiéreuse un appareil en piteux état, c'était un Cessna 150L, il manquait de nombreuses pièces dont les hélices et des éléments du tableau de bord.

Il vît le mécanicien et lui demanda pourquoi cet appareil était stocké au fond de l'atelier.

Celui-ci lui répondit qu'il comptait s'en débarrasser, le jeune homme demanda s'il pouvait essayer de le réparer, le mécanicien répondit « si tu veux, mais en dehors de tes heures de travail »

Il passa plusieurs soirs pour tenter de réparer le Cessna, le nettoyer, de nombreuses pièces manquaient encore dont quelques éléments du moteur.

Il travailla dur et avec passion, acheta les pièces manquantes, fignola les réglages, les mois passèrent et finalement, l'avion fut prêt à prendre son envol, il restait quelques formalités avant cela.

Ce qu'il se passa ensuite va vous surprendre, il a mis aux enchères son appareil, la vente s'effectua et récolta une très belle somme d'argent, et avec ce qu'il a gagné, il s'offrit son brevet de pilote. Il entama un emploi de pilote pour un particulier, lui restant de l'argent de la vente, il la mit de côté le temps de pouvoir se payer son propre avion

Vous voyez ? Avec de l'acharnement, de la motivation, de la passion, on arrive à tout, il suffit d'y mettre un peu du sien, rassembler toutes les conditions pour que tout se réalise, le jeune homme vibrait tellement d'enthousiasme qu'il fut remarqué par un mécanicien, c'était le point de départ de son succès.

Et vous ? Quel est votre point de départ ? Faites comme lui ! Accrochez-vous à vos rêves, mettez-y du cœur à l'ouvrage et tout se réalisera, ne restez pas à tourner en rond comme un poisson rouge dans un aquarium, agissez dès maintenant et apprenez à accepter les échecs comme vos alliés, comme une chance de pouvoir faire mieux, vous serez amené à réussir quand vous aurez exorcisé le démon du « tout réussir à tout prix ! »

Commencez dès aujourd'hui même si vous n'avez pas fini ce livre ! Vautrez-vous et relevez-vous, c'est essentiel ! Mais surtout, n'abandonnez pas ! C'est quand nous trébuchons sur un caillou que l'on voit le caillou.

Décrochez votre téléphone, s'il peut servir à autre chose qu'à servir de bibelot, il y a peut-être quelqu'un qui contribuera à votre succès, derrière la ligne, c'est comme derrière la montagne, plus loin vers l'horizon, c'est toujours cette douce inconnue derrière le doute et la peur.

Plus vous vous jetterez à l'eau, plus vous aurez confiance en vous. Ne prenez plus vos erreurs comme une fatalité, refaites la même chose, mais avec enseignements.

En février 2012, j'ai quitté ma Haute-Savoie natale pour tenter l'aventure à Rodez en Aveyron, une de mes vieilles connaissances m'avait proposé un poste de chauffeur livreur pour GLS et TNT, sociétés spécialisées dans le colisage express, situé du côté d'Olemps, à quelques kilomètres de mon lieu de résidence dans ce département que je ne connaissais que de nom, j'avais emmené quelques bagages dans ma voiture. Ma formation était assurée pendant deux semaines avant de me lancer seul dans les Causses, un parcours plusieurs kilomètres entre Balsac, Clairvaux, Marsillac Vallon, Saint Cyprien, Conques et le Grand Vabre, pour revenir sur Mouret et rentrer à bon port à Rodez. Ce fut intensif, il fallait non seulement suivre cette formation, manipuler les colis dans l'ordre de livraison, savoir utiliser les feuillets et le scanner, ensuite, connaître le département qui n'était pas une mince affaire quand je n'avais que mes cartes et mon GPS. Vous n'imaginez pas le stress que cela m'a procuré, mais avec de l'effort et de la volonté, j'y suis presque arrivé, les entreprises pour lesquelles j'ai travaillé trouvaient que je mettais trop de temps pour boucler mes livraisons, terminant très tard le soir, quelquefois à 22h.

Toutefois, je ne regrette pas l'expérience qui fut très enrichissante, cela m'a permis de rencontrer des personnes charmantes et de très beaux paysages, le point positif de tout ceci, c'est d'avoir franchi le pas, il fallait oser partir à l'aventure, vers cette inconnue qu'est la domination de sa peur, passer au-delà de mes croyances limitatives, car je ne connaissais rien et ne savais même pas où j'allais, le terrain m'étant inconnu, très loin des montagnes haute-savoyardes. J'ai connu l'échec, oui, mais je suis retourné dans mes montagnes avec des bons souvenir, une culture du département que je n'avais pas avant, et j'ai su où se situait l'échec, dès lors, je ne ferai plus de transports, ce qui est une chose certaine.

L'image est assez édifiante, mais comment vous montrer ce que je vois ? Il y a tout autour de moi des montagnes, et derrière, il y a cet inconnu qu'est le destin. Soyez curieux, ne restez pas à « contempler les montagnes » (pour ceux vivant sur un terrain plat, cela semble moins évident), regardez l'horizon et voyez jusqu'où il s'étend, n'êtes-vous pas curieux de savoir ce qu'il y a au loin ? Peut-être votre succès, ou peut-être un échec (je sais ! Réponse de normand), il y a toujours la possibilité de rester assis à regarder au loin avec votre bière ou votre soda à la main, mais je doute que ce soit productif pour vous.

Oser, c'est briser des barrières, des montagnes, ou tout autres choses qui bloquent votre route, c'est aller au-delà de vos doutes et de vos peurs, c'est connaître enfin le devenir de votre projet, c'est accepter aussi que nous pouvons échouer ou réussir dans la vie, puis, vous recommencez à nouveau sur de nouvelles bases, vous connaissez vos erreurs, et vous pouvez dès lors apprendre à les éviter.

Sortez de votre campagne ! N'ayez pas peur du choc des civilisations en arrivant en ville !

Réussissez ou plantez-vous, mais avancez !

Quelquefois, il faut suivre des chemins n'ayant aucun rapport direct avec ce que vous voulez faire, mais qui peut vous y conduire, par exemple, n'importe quel emploi vous permet d'avoir l'argent qui vous aidera à suivre des cours par correspondance, il est essentiel d'avoir en premier lieu une stabilité sociale (ce qui est le minimum syndical pour réussir).

Pour ceux qui ont connu l'ancien PDG du groupe Total, Christophe de Margerie, il a commencé vraiment au bas de l'échelle, comme simple stagiaire. C'est parce qu'il s'est investi corps et âme à cette compagnie qu'il a gravi les échelons un à un pour arriver au sommet.

Il y a aussi une autre stratégie qui peut être utilisée, la rencontre de dirigeants qui sont directement en lien avec votre projet, sous réserve de ne pas leur en parler, car ils n'aiment pas la concurrence, ni les futurs concurrents, et veulent garder une exclusivité de ce qu'ils produisent et vendent, gardez ça pour vous et soyez sympathique avec eux, vous en profiterez pour aller à la pêche aux infos. Cela peut paraître un peu hypocrite (nous vivons dans un monde sans scrupule ne l'oubliez pas !), mais dans ce que vous voulez faire, c'est la meilleure façon d'y arriver, les dirigeants ne sont pas à même de livrer leurs secrets et ils aiment « le patriotisme industriel », louangez l'entreprise qu'ils chérissent, et comme la fable du corbeau et du renard, ils ouvriront leur large bec, mais je doute qu'il y ait un fromage, plutôt de belles opportunités, saisissez les !

Ce que de nombreux employeurs ne vous diront pas

Je vais vous confier un secret concernant les employeurs, quand vous lisez une offre d'emploi, vous voyez que vous ne disposez pas des compétences requises, et pourtant, c'est peut-être « vous » que l'entreprise recherche.

Un employeur a souvent besoin de quelqu'un de persévérant et de dynamique au-delà de tout l'aspect technique ou conventionnel. Devenez cette personne impliquée pour l'entreprise car elle demande de l'investissement personnel, et non spécialement des diplômes ou de l'expérience (qui sont un plus)

Ayez soif de connaissances et n'ayez pas peur de poser des questions aux employeurs, cela démontre que vous vous intéressez à eux. Ne venez pas les voir avec un air arrogant et donnant l'impression de tout savoir, surtout si vous en savez plus qu'eux, ils ont leur fierté, ne tentez pas de les surpasser, ce sont eux qui vous y mèneront au dépassement de vous-même.

Couper le cordage derrière vous

Si vous avez tendance à vouloir reculer sur le pont de la réussite, faites tomber le pont derrière vous, vous n'avez plus d'autre choix que d'avancer.décrochez votre téléphone et soyez comme on dit « sur le fait accompli, contactez des entreprises dès à présent, ou des centres de formations pour prendre des renseignements, et quand quelque chose vous intéresse, engagez-vous à fond. Rencontrez des interlocuteurs, même si ce que vous avez à dire ne vous semble pas intéressant (dans le fond, qu'est ce que vous en savez ?), ce qui importe, c'est le premier contact, la prise de parole. Il est inutile de se cantonner qu'à quelques organismes ou personnes pouvant vous aider, voyez plus large, les possibilités sont multiples. Ne faites plus marche arrière, sinon, toute votre vie, vous ne ferez que ça. AGISSEZ !! OSEZ !!

La chasse aux fausses excuses

Si vous souhaitez parvenir à ce que vous voulez, il faut s'investir vraiment sur ce que vous faites. Il nous arrive de renoncer quand nous trouvons que c'est trop dur, que nous n'avons pas le temps, pas d'argent ou peu de moyens technique, bref, il y a toujours une excuse à tout et cela nous freine dans notre élan.

Pour l'argent par exemple, si vous croyez que tout ceux qui ont réussi sont nés sous la même étoile, avec une cuillère en or dans la bouche ou un plateau en argent déposé devant le berceau, vous avez déjà tout faux. Prenez des célébrités qui ne sont partis de rien, et qui ont connu un succès fulgurant, à l'image de Renaud, Florent Pagny, ou encore Soprano, d'hommes politiques également non issu de l'école nationale d'administration (l'ENA).

Vous croyez que le succès est dû uniquement à la chance, cela signifierait que vous êtes né dans un autre monde, ceux que j'ai cité ont travaillé dur pour en arriver là où ils en sont. Je parlais de Florent Pagny, que je considère comme un compatriote, car il a quitté sa Haute-Savoie Natale pour se rendre à Paris avec un but en tête, percer dans la musique, avec beaucoup d'audace et de détermination, il y est arrivé.

Vous aussi vous avez un projet qui vous tient à cœur, allez-y jusqu'au bout, lancez-vous, essayez, ne vous barricadez pas dans la peur et les excuses.

Le temps, nous pouvons le trouver, il y a 24h dans une journée, ne prétextez pas ne pas avoir le temps, il vous arrive de le trouver pour jouer aux jeux vidéos ou pour regarder à la télévision des sujets pas très instructifs, je doute fortement que le divorce de Dylan avec Wendy dans les feux de l'amour vous donne la solution. Il est encore mieux profitable de consacrer 1 à 2 heures par jour à son projet s'il nous tient vraiment à cœur. Restez fidèle à vos rêves, ne lâchez rien, même si votre entourage ne vous y encourage pas, je le répète, il s'agit de votre vie et de tout ce qui en découlera.

l'investissement personnel est indispensable à la loi de l'attraction, avoir des pensées positives, c'est bien, et il est encore mieux d'adopter les préceptes au quotidien.

Dans ma vie, dès le plus jeune âge, j'ai fait de nombreux projets, certains ont réussi, d'autres échoué, je n'ai jamais cessé d'avancer, étudiant de nouvelles stratégies, curieux de tout, le dernier en date est celui d'écrire un livre, bien que les conditions n'y prêtaient pas trop.

Imaginez vivre dans un climat où il y a énormément de bruit, les voisins qui discutent sur leur terrasse, les jeunes qui crient, la télévision qui va fort dans l'appartement d'à côté. Et pour couronner le tout, au moment où j'entame les lignes de cet ouvrage, je me suis coincé la main dans une porte, et cela me fait horriblement mal à taper sur le clavier. Vous croyez que je me limite à mon projet ? Non !

La masse de concentration que j'ai dû avoir, et aussi l'inspiration qui me donne cette situation actuellement, de pouvoir m'en servir à mon avantage, ce qui me donne autant de force et de détermination est de tout tenter dans mon existence, sans renoncer pour un petit bobo ou un autre.

Un peu plus tôt dans ma jeunesse, j'allais au lycée à pied ou à vélo, des fois sous une pluie battante. Ce qui me motivait, c'est de me dire que j'y étais presque, et de faire encore un effort. Quelques mètres de plus et j'y étais. Cette situation, je l'ai connu également dans ma vie professionnelle, les caprices du temps ne m'arrêtaient pas. Épuisé par de longues marches, je me mettais tout de suite au travail.

Durant mon service national, pendant mes manœuvres au Valdahon en 1999, j'ai effectué une marche de 15 km sous la neige et en t-shirt, j'étais trempé de la tête aux pieds, je portais mon paquetage qui me tirait sur le dos, la sangle de mon Famas frottait sur mon épaule et m'échauffait la peau. Arrivé à la caserne, j'étais trempé comme une soupe, ma première idée était de trouver une serviette pour me sécher, je ne réalisais pas encore l'effort que j'avais accompli.

Quand on compare avec nos ainés, ils parcouraient des dizaines de kilomètres pour se rendre à la mine de charbon, à une époque très ancienne où il n'y avait ni voiture, ni vélo, les plus privilégiés n'avaient que la charrue. Nombreux sont ceux qui dormaient sur place, et passaient la semaine, voir des mois entiers sans voir leurs proches. Quand vous connaissez les ouvriers sur les plateformes pétrolières et qu'ils restent sur place sans atteindre la terre ferme quand ils veulent.

Ce qui partage ceux qui réussissent et ceux qui échouent, c'est la détermination,, la volonté d'y parvenir, et ne se cachent nullement dans les excuses à tout va.

Dites-vous ceci, on n'a rien sans rien, quand on ne trouve pas d'emploi dans son domaine, faites autre chose en attendant. À ne rien faire, la situation risque d'empirer, les employeurs pourraient vous cataloguer d'inactifs, car vous êtes resté dans une période trop longue sans emploi. Imaginez leur tête en voyant votre curriculum vitae, ils auront un air dubitatif et vous poseront la question fatidique « qu'avez-vous fait durant toute cette période ? »

Si vous pouviez imaginer les emplois que j'ai dû faire, vous ne me croiriez pas ! J'ai été dans de nombreux domaines d'activité que je pourrais être les « villages people » à moi tout seul, tour à tour, j'ai été ouvrier dans l'industrie, balayeur, éboueur, vendeur comptoir dans la distribution……. Rarement, j'ai été inactif, bien sûr, il y a eu des périodes de chômage comme presque tout le monde, mais ce n'est pas une excuse pour ne rien chercher, rester chez soi à attendre que cela se passe.

Si le métier proposé ne vous convient pas, tant pis ! Prenez-le, ne serais ce pour avoir les moyens financiers de suivre des études dans le domaine que vous convoitez, et si personnellement, je mettais cantonné à un emploi précis recherché, je n'aurais certainement pas eu mon Baccalauréat, ni même suivi une formation à la Chambre des Commerces et d'Industries en Collaborateur PME-PMI.

Ensuite, pour que l'attractivité soit à son potentiel maximal, vivez l'instant présent ! Travaillez, étudiez votre projet ! En tout état de causes « faites-le ! » Tout simplement. Pas de pronostic hasardeux, pas d'excuse, arrivera ce qui arrivera, mais si vos pensées et vos actes sont en adéquation avec l'attraction, tout peut arriver, le meilleur surtout.

Quand vous ne pouvez pas faire une traction sur une barre parallèle, faites en deux, si vous ne pouvez pas en faire deux, faites en trois, si tout vous semble impossible, rendez tout possible, il ne tient qu'à vous de réussir.

Il y a quelques années de cela, un homme a tenté l'impensable, traverser la Manche à la nage. Il n'avait ni bras et ni jambes, et pourtant, il a réussi, malgré son handicap, il s'appelait Phillipe Croizon (regardez sur internet) . Si un individu est capable de réussir l'impossible, pourquoi pas vous ? Tout se passe dans la tête, il faut se doter d'un mental d'acier.

Vous avez le choix, rester dans les rêveries et les excuses ou avancer, « c'est vous qui voyez. ! » (Régis Laspalès).

L'histoire du mendiant

Au milieu d'une rue piétonne tout ce qu'il y a de plus ordinaire, un samedi matin, un jeune homme était assis en face d'un magasin fermé et demanda de l'argent aux passants. Il avait peut-être 20 ans à peine, avec des épaules étroites et des chaussures usées. Ses habits ont certes connu des jours meilleurs, et lui aussi certainement. Figées dans sa posture assise, ses épaules étaient courbées vers le sol.

Devant lui sur le goudron, une petite coupelle, et une pancarte qu'il tenait en partie dans sa main, sur laquelle on peut lire : "Je suis aveugle, aidez-moi s'il vous plaît". Dans la coupelle, il y avait quelques pièces de monnaie. Pas beaucoup.

C'est alors qu'un homme s'approcha. Il portait une veste de costume bien ajustée, taillée dans un élégant tissu noir. Au-dessus du pantalon noir, il portait une chemise blanche dont le col est ouvert, et des chaussures en cuir. Arrivé à la hauteur du mendiant, il s'arrêta, met la main à sa poche et jeta quelques pièces de monnaie dans la coupelle.

Il fit mine de repartir, mais s'arrêta de nouveau, brusquement. Ayant comme une inspiration soudaine, il se tourna vers le jeune mendiant et prend la pancarte entre ses mains. Après l'avoir examinée brièvement, il prit vite une décision et se mit à écrire sur l'autre face de la pancarte. Il la replaça ensuite devant le jeune homme, pour que le côté qu'il a marqué soit visible, lui souhaita une belle journée et poursuivit son chemin. Étonné et songeur, le jeune mendiant écouta les pas de l'homme s'éloigner lentement.

Peu de temps après, quelque chose changea : la coupelle se remplit plus vite que d'habitude. Le jeune homme aveugle ne pouvait pas croire que les gens soient tout à coup devenus plus généreux. Il se demanda ce que l'inconnu de tout à l'heure a bien pu écrire sur sa pancarte pour créer cet effet-là. Il obtint la réponse lorsqu'un peu plus tard, l'homme repassa devant lui. En entendant la voix de l'homme le saluer, le mendiant le reconnaissait et l'interpella. Il demanda à l'inconnu ce qu'il a écrit sur son carton. Sa réponse le laissa stupéfait : "Juste la vérité. J'ai mis exactement la même chose que vous, mais en d'autres termes. Votre pancarte maintenant dit : 'Aujourd'hui est un jour merveilleux et je ne peux pas le voir'".

Vous l'aurez compris, rien ne sert de se buter si votre stratégie ne fonctionne pas, posez-vous les bonnes questions, analysez les possibilités d'atteindre vos objectifs.

Les jeux de rôles

**« C'est en faisant n'importe quoi que l'on devient n'importe qui »
(Rémy Gaillard)**

Bien sûr, il n'est pas nécessaire de faire n'importe quoi dans ce chapitre, l'ouvrage sur le sujet est très sérieux, et à la fois distrayant.

Vous connaissez tous les jeux de rôles qui consiste à se glisser dans la peau d'un personnage ? Cela ressemble aux bals costumés (sans la fantaisie), le but de l'expérience est d'être une sorte de caméléon, en devenant l'homme ou la femme que vous avez toujours voulu être.

Pour cela, vous aurez besoin de plusieurs éléments dont, des connaissances sur le domaine que vous voulez pratiquer, je vous recommande pour cela de lire des livres sur les sujets qui vous intéresse pour vous instruire et avoir un minimum de connaissances théoriques (très important).

L'avantage de lire plusieurs livres traitant d'un même sujet est d'avoir des visions et des approches différentes assimilables, ce qui peut être compris par certains ne l'est pas forcément pour d'autres du premier coup. Il y a une phase de consolidation et d'approfondissement, comme je l'ai déjà dit, faites-vous violence pour cette partie, donnez-vous comme objectif journalier de lire 25 pages, il vaut mieux commencer petit, ne brûlez pas les étapes, cela risque de vous démoraliser. Vous pouvez également regarder des documentaires sur internet et la télévision.

Tout doucement, cela rentrera dans vos habitudes quotidiennes, quand vous aurez assimilé bon nombre d'éléments, nous pouvons passer à la deuxième partie.

Pour être pris au sérieux, il faut faire attention à ses choix vestimentaires, ce que vous portez donnera à votre interlocuteur soit une bonne ou une mauvaise impression. Ce qu'il faut éviter, ce sont les jeans troués, les t-shirts délavés, et des baskets sales, vous croyez sincèrement qu'un employeur vous accueillera dans cette tenue ? Il l'interprétera comme un manque de sérieux et de respect envers lui et son enseigne dans les trois quarts des cas, donc, faites très attention à la façon dont vous vous habillez !

Mes suggestions ? Chaussures de ville, petite chemise ou polo, pantalon noir ou jean très propre sans accroc (ça peut passer), rasé de près et bien coiffé.

Vous pouvez aussi opter pour un costume, mais attention à bien harmoniser les couleurs, je vous recommande de rester dans les standards si vous ne voulez pas passer pour un excentrique.

Si vous n'avez pas l'habitude, mettez une chemise blanche et un costume anthracite (ou noir), des chaussures noires sans tâche, pas de cravate, sauf si vous voulez être vendeur, et en parfums, mettez quelque chose de plutôt discret, demandez à la vendeuse en parfumerie quelques suggestions, elle est là pour vous renseigner.

Regardez-vous dans un miroir ! Vous êtes magnifique, une autre version de vous-même, difficile de reconnaître l'autre vous. Cela vous va à ravir, qui est ce beau jeune homme ou cette belle jeune femme ?

Votre corps, il faut qu'il soit droit, je vous propose un exercice que je fais tous les jours personnellement, roulez les épaules vers l'arrière et gardez la tête droite, cela va vous donner une meilleure posture, et répétez en vous-même « oui ! Je suis fier de ce que je suis devenu ! »

Le regard, vous devez l'avoir sur le visage de votre interlocuteur sans qu'il donne l'impression d'être dévisagé, regardez de temps en temps ses yeux sans insistance, cela risque de déstabiliser la personne en face de vous. Vous devez avoir une vue globale face à celui ou celle qui est devant vous.

L'écoute active, une technique apprise lors d'une de mes formations en PNL (Paramétrage Neurolinguistique pour les non-initiés)

Il s'agit d'être attentif à la personne qui est en face de vous, analysez chaque parole, faites travailler votre imagination pour vivre avec lui tout ce qu'elle vous raconte. Commencez votre phrase par « si je comprends bien » puis écoutez et intégrez la fin de son discours pour les parties suivantes

Exemple :

« Si je comprends bien, tu as eu une offre super intéressante concernant des CD. »

Il vous répond longuement

Vous répondez la fin de ce qu'il a évoqué
« Une promotion à telle date »

Il vous répond encore

Vous lui dites :
« Dans les magasins untel »

Et ainsi de suite

Cependant, ne le faites pas trop souvent sans intégrer une question sur le sujet qu'il traite, sinon, il ou elle aura l'impression que vous vous moquez.

Intégrez des questions après avoir répété la fin de sa phrase, il verra ainsi que vous vous intéressez à lui ou elle.

Vous avez maintenant une bonne posture, mais il faut travailler aussi son élocution, pour cela, je vous recommande encore de lire beaucoup de livres, de vous documenter et de discuter avec des personnes sérieuses que l'on trouve généralement dans des administrations comme dans les mairies, lors de cérémonies commémoratives, ou dans des magasins spécialisés dans la vente de canapé (vous observerez leurs techniques de vente), dans les salons ou expositions. Même, il existe des séminaires de coaching adaptés à vos besoins.

Il est important de savoir bien parler, de travailler son élocution, il est difficile de concevoir quelqu'un portant un costume avec une façon de parler comme le poissonnier du marché du coin, apprenez à parler doucement, à préparer vos phrases dans votre tête, et à structurer vos réponses.

Voilà l'ébauche de « l'autre version de vous-même », la meilleure que vous ayez.

Pour en revenir à la partie que je souhaite traiter, vous l'aurez compris, il y a d'abord une phase préparatoire, changer d'apparence pour que le regard des autres et sur vous-même change.

Maintenant, qu'en est-il de la mise en pratique ?

Vous pouvez tester ceci (faites-le sérieusement), entraînez-vous devant un miroir au préalable.

Prenez rendez-vous avec une banque qui ne vous connaît pas, et de préférence, loin d'un secteur où vous êtes connu.

Quand vous arrivez pour un entretien avec un conseiller, dites-lui que vous avez des placements à faire et que vous venez à titre informatif (je suis presque sûr qu'il va essayer de vous avoir comme client après ce que vous lui direz)

Vous lui dites que vous disposez de la somme de 100 000 €, même si vous savez au fond de vous que c'est faux, et demandez-lui conseil pour un placement dans la pierre, et les taux d'intérêts.

Dès lors, il vous fera une simulation, regardez l'expression sur son visage, attention, il vous posera sans doute des questions sur cette somme, vous lui répondrez que cela vient d'un héritage et que vous étiez surpris d'avoir une telle somme.

À titre personnel, j'ai déjà fait cette expérience pour un institut de sondages de Toulouse, ce fut fort enrichissant, l'impression d'être quelqu'un d'autre.

CHAPITRE 8 : DES SOLUTIONS QUI PEUVENT VOUS AIDER DAVANTAGE

Vous êtes enfin arrivés à ce dernier chapitre, je vous en félicite ! Retournez- vous et regardez le chemin parcouru ! Impressionnant n'est-ce pas ?

Vous voyez exactement de quoi vous êtes capables, et que ce qui vous semblait insurmontable ne l'est finalement pas !

Je vous ai enseigné les principes de base afin d'obtenir tout ce que vous désirez dans votre vie, mais cela demande aussi un investissement personnel, pour cela, je vous ai mis au défi.

N'ayez pas peur, c'est plus facile qu'il n'y paraît, tout le monde qui en est avisé peut le faire. Mais il faut avoir aussi conscience que la théorie, c'est bien, mais la mise en pratique c'est mieux, vous en ressortirez grandis de ces expériences.

Le coaching

En amont de ce livre, je vous ai parlé de la notion d'aider les autres, mais qu'en est-il de se faire aider ?

Nous vivons dans un monde où il est difficile de faire sans les autres, même pour une entreprise, elle a besoin de sous-traitants et de clients pour fonctionner en parfaites interactions. Votre employeur a autant besoin de vous que vous n'avez besoin de lui, il vous offre un travail à faire en échange d'argent.

En certaines circonstances, nous sommes tous complémentaires des uns et des autres. Imaginez ! Même un chef d'état a toujours avec lui dans ses déplacements des conseillers en communication et des ministres pour les gestions courantes du pays, ces mêmes ministres ayant des conseillers et des secrétaires, tout ce petit monde travaillant en harmonie.

Serez-vous en mesure de faire tourner un commerce si vous ne comblez pas les attentes des clients ? À supposer ce qu'eux veulent sans leur demander ? Nous avons toujours besoin des autres en toutes circonstances, et même dans votre situation actuelle et inconsciemment ! Besoin de conseils et d'informations, voir de formations.
Vous ne pouvez pas tout savoir, il n'y a pas de science infuse, nous avons tous des lacunes et il faut l'accepter, nous pouvons palier toutefois

quelques-unes grâce à la lecture et l'apprentissage, mais vous n'aurez, vous comme moi, la connaissance universelle du monde. Seul Dieu possède ce pouvoir. Le reconnaître, c'est déjà faire preuve d'intelligence.

Constituez-vous un réseau qui formera votre cerveau collectif, Napoléon Hill insiste bien sur ce point dans son ouvrage intitulé « réfléchissez et devenez riche ».

Il y a quelques années de cela, j'ai vu un film intitulé « les invincibles », cela raconte l'histoire de deux adolescents, l'un était paraplégique et l'autre incapable de comprendre les maths, chacun ayant une qualité que l'autre n'avait pas, ils font alliance et arrivèrent à surmonter les épreuves grâce à leur complémentarité.

Un médecin ne fait pas de comptabilité, ou du moins, il n'est pas expert en ce domaine, il doit faire appel à un professionnel, tout comme celui-ci ne peut pas faire de diagnostic médical ou délivrer une ordonnance. À chacun son domaine de compétences, si vous trouvez les vôtres, elles ne feront jamais tout et vous serez amenés à faire appel à l'aide extérieure.

Même moi qui écris un livre, j'ai besoin d'un correcteur, d'une maison d'édition et d'autres professionnels, nous ne sommes pas des « hommes orchestre ».

Pour en revenir aux formations PNL, si vous voulez y participer, vous pouvez vous renseigner auprès du Centre d'Informations et d'Orientation qui ne se trouve pas loin de chez vous, ou à la Chambre des Commerces et D'industries proche de votre lieu de résidence.

« Si tu veux aller vite, vas y seul, si tu veux aller loin, vas y à plusieurs. »
(proverbe africain)

Seuls, nous sommes isolés, il serait absurde de tenter une aventure en solo, sans soutien, sans client ou sans fournisseur. Toutes les personnalités vous le diront, nous avons tous besoin d'un coach ou de proches pour nous soutenir.

Le soutien, vous pouvez le trouver sous divers formes, cela peut venir de livres, de vidéos, en discutant avec des collègues ou dans des réunions, si vous cherchez bien, tout est à votre disposition.

CONCLUSION

Nous arrivons à la fin de cet ouvrage, en espérant vous avoir apporté toutes les réponses nécessaires à ce que vous attendiez de celui-ci. Pour ceux qui n'étaient pas habitués à la lecture, vous avez peut-être trouvé le temps long à le lire. Pour l'auteur, ça l'est encore davantage, devant le relire plusieurs fois lors de sa création pour s'assurer qu'il ne manque rien, il est en son sens assez complet, je l'espère de tout cœur pour vous.

Faites comme lui, relisez ce livre autant que fois que nécessaire, imprégnez-vous en et suivez tous les conseils que je vous ai donnés, et tout devrait maintenant aller pour le mieux vers le succès, si vous avez été assidue, il sera garanti.

Si je peux vous donner quelques recommandations, et cela servira toute votre vie, même après votre réussite, soyez sur le terrain et ne parlez pas de vos projets à votre entourage, trouvez les bonnes personnes aptes à répondre aux questions que vous vous posez. Vivez l'instant présent, agissez dans le sens de vos projets sans chercher la réussite, car elle viendra sans forcer. Gardez l'esprit positif, soyez curieux, et de bonnes surprises vous attendront au bout, je vous le garantis.

Pour en revenir au début de mon livre, le « secret » que m'a confié une personne lors du réveillon au casino de Chamonix, j'ai dissimulé bon nombre d'indices sur le sujet, pour ceux qui en ont douté, cette rencontre a réellement eu lieu.

d'ailleurs, je vais vous révéler une partie du message qui était noté sur le bout de papier, voici ce qu'il disait :

« ....Il n'y a pas de moment opportun pour démarrer une nouvelle vie, l'instant pour agir a toujours été présent ! L'action est toujours là et fait de nous ce que nous sommes.... !»

Ce qu'il faut comprendre de ce court message, c'est que même maintenant, vous êtes dans l'action, moi en écrivant ces lignes, et vous en les lisant. C'est très important, comprendre ce que vous avez maintenant et ce que vous en faites ensuite, quelle direction donner à vos inspirations, faire pour le mieux pour vous sans espérer un bon résultat, mais toujours se battre pour ce que nous croyons juste et bon pour notre entourage et nous-même. Ne jamais cesser de croire, ne pas s'attarder sur les échecs et en tirer les leçons, voilà le grand secret du succès, croire en ses idées et leur donner un corps.

Le temps est très précieux, ne le gâchez pas à des futilités et des rêveries, ne regardez pas le train de la vie circuler sans en être un des passagers, vous resterez toujours sur le quai à attendre le prochain, mais combien de temps cela prendra avant qu'il arrive ? Est-ce que vous le prendrez ou attendrez encore le suivant ? Notre existence a une échéance à plus ou moins long terme, et quelle que soit la durée de la vôtre, faites du restant de votre vie le meilleur qu'il soit.

Quant à ceux qui vous ont critiqué, jugé, rabaissé et qui le font probablement encore, dites-vous que ces personnes qui sont toxiques, vous les regarderez rester sur le quai par la fenêtre de votre train, quand il partira, vous verrez des points minuscules au loin derrière vous, vous serez confortablement installé dans votre siège, tout cela pourquoi ? Parce que vous l'aurez décidé.

J'ai déposé dans votre esprit la graine du succès, à vous de l'entretenir.

Sur ces derniers mots, je vous souhaite de tout cœur que vous puissiez concrétiser vos projets.

Yoann MERITZA

SUGGESTIONS DE LECTURES

UN MONDE DIFFERENT

— RÉUSSITE MAXIMUM
Max PICCININI

— CONFIANCE ILLIMITÉE
Franck NICOLAS

— LA LOI DE L'ATTRACTION
Michael J. LOSIER

EDITIONS BELIVEAU

— 7 INGRÉDIENTS ESSENTIELS POUR MAITRISER LA LOI DE L'ATTRACTION
Jack CANFIELD – Mark Victor HANSEN – Jeanna GABELLINI – Eva GREGORY

POCHE MARABOUT

— LA METHODE COUÉ
Emile COUE

— LA PUISSANCE DE LA PENSÉE POSITIVE
Norman Vincent PEAL

J'AI LU

— LE CODE SECRET DE VOTRE DESTIN
James HILMAN

— ACCOMPLISSEZ VOTRE DESTINÉE
Wayne W. DYER

— QUAND ON VEUT, ON PEUT !
Normann Vincent PEAL

— COMMENT RÉUSSIR VOTRE VIE ?
Dr Josephe MURPHY

— COMMENT UTILISER LE POUVOIR DE VOTRE SUBCONSCIENT ?
Dr Joseph MURPHY

— LE POUVOIR DE LA VOLONTÉ
Paul-Clément JAGOT

— LE JEU DE LA VIE
Florence Scovel SHINN

— VOTRE PAROLE EST UNE BAGUETTE MAGIQUE
Florence Scovel SHINN

— RÉFLECHISSEZ ET DEVENEZ RICHE
Napoléon HILL

— LES SECRETS DE LA COMMUNICATION
Richard BANDLER & John GRINDER

— DEVENEZ MENTALISTE
Bastien BRICOUT

LE LIVRE DE POCHE

— COMMENT SE FAIRE DES AMIS
Dale CARNEGIE

— COMMENT PARLER EN PUBLIC
Dale CARNEGIE

EDITIONS ASKA

— PLUS MALIN QUE LE DIABLE
Napoléon HILL

EDITIONS ADA

— LES SECRETS DE LA RÉUSSITE
Sandra Anne TAYLOR

EDITIONS BUSSIERE

— LA PORTE SECRÈTE MENANT A LA RÉUSSITE
Florence Scovel SHINN